나이 들수록
머리가
좋아지는 법

나이 들수록 머리가 좋아지는 법

이호선 지음

ACTIVE_AGING

중년 이후
뇌기능에 대한 반전

새로 짓는 우리의 이름

나이로 지혜를 가늠하던 시절은 끝났다. 빨라진 지식의 속도는 지혜의 속도를 넘어섰고, 고개를 돌려 먼 산을 바라보면 우리는 이미 '옛날 사람'이 되어 버리고 만다. 옛것을 강조하면 꼰대요, 새것을 말하면 틀리기 일쑤다. 이런 우리의 특성 덕분에 우리는 새로운 이름을 갖게 되었다. 우리가 아이들을 낳고 귀하게 그 이름을 붙여 주었더니 그게 고마워서인지 그들도 우리에게 이름을 붙여 주었다. 우리 이름은 '꼰대'다. '꼰대'라니! 도무지 맘에 들지 않는 그 이름을 두고 그들을 탓할 이유도 없고 그렇다고 싫은 이름을 굳이 견딜 필요도 없다. 우리에게도 새로운 이름이 필요하다. 개명의 시대에 남이 붙인 이름이 아니라 주인인 우리 스스로에게 줄 이름이 필요하다. 우리의 이름은 무엇인가?

시계처럼 살아가며 시대를 일으켜 세웠다. 넘어가지 않는 밥을 욱여넣듯 매일을 살아 이제까지 왔으니, 생존이라면 우리를 따라올 자가 없을 것이다. 경험으로 인이 박이고, 고통이 심장을 문신한 기억의 이름대로 살아왔던 사람들이니 말이다. 이제 또 한 번 세상이 바뀌었으니, 역사에 남을 생존자 시니어들, 시대를 역사로 만들어 민주주의의 즙을 내어 자식들에게 먹였던 그 사람들, 청색 전화기부터 스마트폰까지 두루 섭렵한 세대들이 이제 새로운 '살이'를 시작해야 할 때이다.

사실 우리가 원했던 이름은 '꼰대'가 아니라 '선배'였다. 나침반이 되어 후배들에게 생의 방향을 가리켜 그 길로 가도록 돕는 멘토가 되고 싶었다. 따라가지 못할 것 같은 세상에 온 힘을 다해 적응하며 살아남아야 한다지만, 우리는 생존의 자리에서도 생존 그 이상을 원하며 실은 더 좋은 고백도 하고 싶다. 온고이지신(溫故而知新)이 맞는 말이라 레트로(Retro)가 유행인 이때, 한 면 뿌듯함을 가졌건만 정보와 첨단의 시대에 선배가 되고자 하는 꼰대 여러분, 정신을 바짝 차려야 한다. 선하고 검증된 개인 지침을 전달하고자 해도 후배들은 늘 맹렬하다.

배제된 곳에서 살아남은 자들인 지금의 '꼰대'들이, 레트로 그 기억의 DNA로 후세대와 공통점을 갖는 오늘의 '선배'들이, 변화의 땅에서 길을 잃고 헤매다 최근 새로운 다짐을 시작했다. 이제 그 오랜 생존력과 친화력으로 21세기 새로운 미디어 세상에서 다른 매체를 사용하는 다른 인류와 공존하며 우리만의 세계를 우리 식으로 만들어 내고 우리 생명만큼이나 값지게 살아 내고자 한다. 그러자면 공존의 자리를 볼 만한 지도를 읽기 시작해야 한다. 길을 잃은 세대들에게 지도는 인생의 정글에서 길을 찾아준다.

그런 의미에서 '꼰대'보다 유연하고, '선배'보다 존경스러운 '액티브 시니어'라는 이름을 제안한다. '활동적인'이란 뜻의 '액티브'(active)와 '존경스러운 노년'을 의미하는 '시니어'(Senior)를 합친 말이다. 우리도 욕망한다. 보다 매력적인 시니어가 되고 싶다. 아름다움과 존엄을 욕망하고, 매력적이고 반짝이는 관계를 소망한다. 지적이며 성숙하고 멋진 시민이자 배울 만한 공동체원이 되고 싶다. 욕망하고 소망한다면 이제 움직일 때이다. 황혼이 황홀해야 할 시기가 되었다.

나이 들수록 머리가 좋아지고 싶다면, 꼰대의 성실한 시계로, 선배의 마음 담은 나침반으로, 액티브 시니어의 역사적 지도를 가지고 황혼의 황홀 모자이크를 만들어 보자. 끈기를 가진 꼰대가 지적인 생의 방향을 공유하고, 후배에게 길을 물어 갈 만한 지혜로운 지식을 만끽하러 가 보자. 지혜가 부르고 있지 않은가?

명철이 소리를 높이고 있지 않은가? 액티브 시니어로 살아가는 지혜와 액티브 시니어의 총기를 채우러 여정을 시작하자.

2020년 8월 익선동 연구실에서

이 근 선

차례

01 | 브라보 액티브 시니어

02 | 뇌가 늙으며 생기는 일들:
나이 들며 머리가 나빠지는 이유

03 | 뇌의 신경가소성:
나이 들어도 머리가 안 나빠지는 이유

04 노년 인지 혁명:
나이 들어 머리가 좋아지는 비결

01

브라보 액티브 시니어

누가
액티브 시니어인가?

"희생과 의무를 다하는 사람의 얼굴에서는
인내와 연단을 통과한 자만이 보여 줄 수 있는 고결함이 배어납니다.
그런 사람은 거울에 비친 자신의 얼굴을 부끄러워하지 않고
사랑할 수 있습니다."
신동주 CBS TV PD

둘째가라면 서러울 노안(老顏)을 가진, 그리고 누구보다 창조적인 일상을 살아가는, 자주 존경스러운 PD의 말이다. 이 말에 용기 내어 거울 앞에 섰다면 당신은 중년을 넘어서고 있는 것이다. 우리는 매번 낯선 '나이 듦'이라는 표현을 읽고 거울 앞에 가장 익숙한 '자신'을 바라보곤 한다. 그리고 거울 단장을 마치고 떠난 자리에서 '나이 든 자신'인 내가 무엇을 할지 생각하게 된다.

달라지는 계절마다 봄, 여름, 가을, 겨울이라 이름을 붙여 부르듯, 우리의 삶도 시기마다 그 이름을 달리 불러 왔다. 아기로 태

어나 어린이로 자라고 학생으로 살아가다 직장인이 되고 결혼하면서 배우자가 되고 부모라 불렸고, 총각과 처녀를 넘어 아줌마와 아저씨가 되었다. 결국 모두는 '그 할머니'와 '그 할아버지'라는 이름으로 세상을 떠난다. 서로 다른 삶을 살아가지만, 결국 우리는 같은 이름으로 끝을 맺고, 비슷한 삶을 살아가지만 생애 후반에는 서로 다른 고백을 하게 된다. '이름', 즉 호칭은 관계와 역할을 보여 주고, '고백'은 만족과 통찰을 보여 준다. 중년 이후 삶에서 우리는 어떤 이름으로 살고 싶고, 어떤 고백을 하고 싶은가?

우리가 살아온 삶은 물론, 한 번도 살아보지 못한 이후의 삶에 대해서도 학자들은 무수하게 많은 이름과 고백을 연구하여 정리해 두었다. 이제 그들의 책장을 열어 새로이 우리의 이름을 선택하고 우리의 고백을 준비하면 어떨까? '붙여진' 이름으로 꽤 살았고, 이미 다른 사람들의 이름, 예를 들어 자식이나 친구의 자녀들, 혹은 손자 손녀, 못해도 친구의 별명이라도 지어 본 우리가 이제 자신의 이름을 지을 정도는 되지 않았을까? 이 정도 경력이라면, 나의 과거도 알고 현재도 알며 미래의 꿈도 알고 있는 나의 이름은 이제 남이 아니라 내가 지어야 할 때이다. 나의 정체를 보여 줄 바로 그 이름, 나를 정의할 그 이름은 어떤 것이 좋을까? 먼저 다른 이들이 적어 놓은 우리의 이름들을 살펴보자.

'아저씨, 아줌마'라고 부를 때가 좋았다. 17세부터 아줌마라 불리던 모태 노안인 나는 조카며느리를 보기 전까지만 해도 엄마, 여보, 아줌마, 이모, 고모, 저기요, 어이 등 존재는 미미해도 소속은 확실한 사람이었다. 이제 나는 더 이상 아줌마는 아니나 그렇다고 할머니는 싫고, 내 남편을 누가 할아버지라고 부르는 것은 더욱 싫다. 내 남편이 할아버지가 되면 나는 자동으로 할머니가 되니 말이다. 조카며느리는 애를 낳았고 '졸지에' 나는 할머니가 되었다. 이 습격 같고 썩 기분이 좋지만은 않은, 선택하지 않았으나 불가항력적인 '할머니' 됨에 멍해 있었다. 요즘 조카손주가 나를 "할머니!"라 부르면 나는 "할머니 불렀니?" 그런다. 그리고 정말 미치겠는 건, 아들이 장가를 갔고 며느리는 만삭이다. 애 봐 달란다. 손주가 싫은 게 아니다. '손주살이' 하는 '할미'로만 살기에 난 하고 싶은 게 너무 많다. 친구들끼리만 하는 얘기지만, 할머니가 싫은 게 아니라 '할머니만' 하는 게 싫다. 나를 그렇게 부르지 말아라. 사모님도 싫은데 할머니라니. 내 이름은 '김민자'다…… 이민 갈까 보다.

_김민자 님 인터뷰 중에서

윌리엄 새들러는 40, 50대 성인 200명을 인터뷰하고 그중 50명

마흔 이후 누리지 못한 삶은 늙음 앞에 그늘이 된다!

하버드 대학교 교수이자 성인 발달의 한 획을 그은 윌리엄 새들러(William Sadler, 1950~). 우리나라에서도 베스트셀러였던 그의 책 《서드 에이지, 마흔 이후 30년》은 그의 자전적 관심에서 시작하여 '마흔 이후의 새로운 성장과 발달'이라는 주제로, 20년 넘는 장기종단 연구를 진행 중에 나온 연구 결과물이다. 그는 40대와 50대 중년을 살고 있는 사람들 200여 명을 인터뷰하고 이후 50명을 12년간 추적 조사하여 이들의 변화와 고백들을 연구했다. 윌리엄 새들러는 연구 결과를 적어 가며, 청년기 때와는 다른 두 번째 성장을 고백하는 중년들의 나이 듦에 대해 찬사를 보내고 우리는 더 많은 것을 추구하고 더 뜨거워져야 한다고 강변한다. 윌리엄 새들러는 마흔 이후 30년, 즉 '서드 에이지'(third age)를 주목하며 마흔 이후 인생 2차 성장을 위한 6가지를 다음과 같이 제안한다.

① 중년의 정체성을 확립하기 위해 과거 성취에서 자유로워지라.
② 일과 여가 활동을 조화하라.
③ 용감한 현실주의와 성숙한 낙관주의를 조화하라.
④ 자신에 대한 배려와 타인에 대한 배려를 조화하라.
⑤ 진지한 성찰과 과감한 실행에 조화를 이루라.
⑥ 자신만의 자유와 타인과의 친밀한 관계에 조화를 이루라.

에 대해 그들이 어떻게 살아 나가는지를 12년간 추적 조사했다. 그는 청년기 1차 성장과 달리 중년 이후 제2의 성장을 이룬다는 것에 깜짝 놀라며 중년 이후를 쇄신의 시기, 절정의 시기로 이름 지어 발달심리의 새 장을 열었다. 그는 생애주기를 4단계로 나누어 퍼스트 에이지(First Age), 세컨드 에이지(Second Age), 서드 에이지(Third Age), 포스 에이지(Forth Age)로 이름 지었다. '퍼스트 에이지'는 아동·

청소년기를 포함하는 성장기, '세컨드 에이지'는 청년기와 중년기로 생애 황금기이자 발전의 열매를 맺는 시기이다. '서드 에이지'는 40-70대 중후반까지의 시기로 생애주기상 가장 중요하고 긴 시기를 말한다. 첫 번째와 두 번째 시기와 달리 세 번째 인생기인 서드 에이지는 인생에 대한 호기심과 흥미, 열정과 생산을 중심으로 한 생의 개척 시기이자 동시에 가능성의 시기로 제2의 황금기이다. 마지막 네 번째, '포스 에이지'는 삶을 정리하고 마감하는 초고령 시기의 노화 단계를 말한다. 윌리엄 새들러의 이야기는 2000년대 중반을 통과하며 전 세계의 고령의 지표를 바꾸고 새로운 이름표를 높이며 사람들에게 고령사회와 초고령사회의 현재와 미래를 보여 주었다.[1]

그러나 이제 서드 에이지 역시 한물 지난 용어가 되었다. 최근 완전히 다른 노년의 도래를 말하는 뉴 실버(New Silver), 스마트 시니어(Smart Senior) 등 신노년을 지칭하는 새로운 용어들이 쏟아져 나오고 있다. 우리나라에서는 이 '서드 에이지'라는 말이 지식의 장을 통해 두루 퍼지던 2000년대, '노인'이라는 용어와 관련하여 '실버산업', '시니어', '어르신'이라는 말이 공식적으로 거론되었다. 먼저 '실버산업'이라는 말은 1980년대 중반 고령자를 위한 상품이나 해당 서비스를 아울러 불렀던 용어인데, 2006년 〈고령친화산업진흥법〉에 따라 고령친화산업이라고 했으나 실버산업이

라는 용어는 지금까지도 두루 쓰이고 있다.²

 잘 알려진 대로 '어르신'이라는 용어는 새로운 시대를 열고 만들어 가는 느낌을 주는 '서드 에이지'보다는 존경과 사회적 어른의 이미지를 강하게 주며, 한국의 오랜 연륜에 대한 인정과 마음을 모은 공경이 녹아 있는 순우리말이었다. 무엇보다 '서드 에이지'는 영어 단어라 이게 무엇을 뜻하는지를 대번에 알기 어려워서인지 학문의 장에서만 잠시 쓰이다가 이마저도 우리나라에서는 잘 사용하지 않게 되었다. 이후 '노인'이라는 말은 이제 시니어나 어르신을 넘어 '신중년'(New Middle-Ager)이라고 재명명되기도 했다. 신중년은 대개 6075세대라 불리는 60-75세 사이에 있는 사람들을 지칭한다. 다음은 내가 한 칼럼에 썼던 신중년의 특징 분석이다.

 이들은 일제 강점기를 막 마치고 태어난 이들부터 전쟁 이후 태어난 일명 '베이비 붐 세대'들을 포함한다. 이들은 단군 이래 첫 공교육을 대대적으로 받기 시작했고, 한반도 역사상 가장 찬란한 문명을 일구고 보았던 사람들이다. 높은 빌딩을 본 첫 세대이자, 엘리베이터를 타 본 첫 세대이다. 이들은 산을 오르지 않고도 먼 곳을 본 첫 세대인 셈이다. 집에서 전화를 받은 첫 세대이며, 이 전화가 청색전화, 백색전화에서 유선전화를 거쳐 지금의 스마트폰까지 아날로그와 디지털 모두를 경험한 세대이다. 민주주의를 맛보고 경험한 첫 세대이자, 연애의 짜릿함을 느끼며 상투와 한복을 잘라 파마와 미니스커트를 입은 첫 세대이다. 아스팔트 위를 걸어 본 첫 세대이고, 마이카의 첫 세대이다. 주판과 전자계산기부터 컴퓨터까지 사용해 본 유일한 세대이고, 달에 토끼가 살지 않는다는 것을 알게 된 첫 세대이다. 어디 그뿐이랴? 거침없이 이혼을 선택한 첫 세대이자, 당당한 재혼을 말하는 첫 세대이다. 자식이 효도하지 않겠다는 첫 세대이자 유산을 남기지 않는 첫 세대이다. 70이 넘도록 일해야 하는 첫 세대이자, 고독사의 첫 사례가 된 세대이다. 호모 헌드레드 100세를 맞는 첫 세대이자, 환갑잔치를 포기한 첫 세대이다. 인공중절수술을 받은 첫 세대이자 인공관절수술을 받은 첫 세대이다. 안락한 노후를 포기해야 하는 첫 세대이자 안락사를 선택하고자 하는 첫 세대이다. 계급신분이 없는 첫 세대이자 지독한 경제신분을 갖게 된 첫 세대이다. 배고픔을 넘어 풍요를 경험한 첫 세대이기도 하다. 이들이 '첫 세대'인 것은 이뿐만이 아니다. 더 많은 더 다양한 차원에서 첫 세대인 사람들이 바로 '신중년'이다. 이들의 선택은 역사 이래 없던 것이고, 이들의 경험도 전례 없던 일이다. 스스로도 낯설어하면서도 의연히 세월을 만들어 가는 사람들이다. 밀려가지 않

고 만들어 가는 사람들이고, 선택받지 않고 선택하는 사람들이다. 끌려가지 않고 끌어가는 사람들이다.[3]

　　마치 발길질하는 말 위에 올라탄 나폴레옹의 위세처럼 '신중년'이라는 용어는 2015년 이후 휘몰아치듯 사용되었다. 단어 분석부터 문화 분석과 미래 진단까지 언론마저 나서서 신중년을 조명해 가며 세계적인 추세에 우리나라 노년들이 어떻게 대응하고 어떻게 노년 문화를 싱싱하게 토착화하는지를 보여 주곤 했다. 그러나 이 '신중년'이라는 말 역시 2017년을 기점으로, 이들이 폭발적인 스마트폰 사용자 및 유튜브 사용자로 소비 시장을 흔들어 놓으며 '뉴실버', '액티브 스마트 실버'처럼 새롭고 혁신적인 의미를 가진 단어들로 대치되고 있다. 그중 가장 대표적인 단어로 '액티브 시니어'(Active Senior)를 들 수 있다. 액티브 시니어는 시간적·경제적 여유를 가지고 자기 관리를 위해 기꺼이 소비하며 일과를 최대한 활용하여 즐기고, 여가를 가치로 창출해 내는 중년 이후를 사는 사람이라 할 수 있다.

　　2016년 F/W헤라 서울패션위크 키미제이쇼 모델로 데뷔하여 2019년과 2020년 대한민국 퍼스트 브랜드 대상 남자 시니어 모델 부문 1위를 차지한 55년생 김칠두 씨를 보자. 키 181센티미터에 몸무게 63킬로그램이 프로필로 나와 있지만, 방송국에서 직접 만나 보니 말랐으나 구부러지지 않았고 꾸미지 않았음에도 프로 필만큼 멋졌다. 예순이 넘어서 모델 일을 시작한 그의 이전 직업 은 폐업 전문 사장님이었다. 사람 얼굴에 인생 폭망 이력이 써 있 는 경우도 있건만, 그의 부리부리한 눈에 나머지 폐업 이력은 주 름 속으로 숨었다. 매니저가 곁에 붙어 있는 데다가 시간이 얼마 없다는 그의 걸음을 멈추게 하고 물었다.

"다른 사람들이 뭐라고 부르나요?"

"저를요? 그냥, 안 불러요. 김칠두 이름 정도 부르지요."

"그래요? 어떻게 부르는 게 가장 좋으세요?"

"그냥 죽을 때까지 김칠두라고 부르면 되지요, 뭐."

"할아버지라고 부르는 사람들도 있나요?"

"뭐 그렇게는 잘 안 부르더라고요. 할아버지가 맞기는 한데, 그 렇게는 잘……."

대표성을 가진 이들에게는 이름이 남고, 역할을 가진 이들에 게는 '김 부장', '최 상무' 이런 식으로 직책이 이름을 대신한다. 인생의 역할을 하는 이들에게 인생직을 붙이는 게 맞을 텐데, 그 렇다면 우리는 왜 '액티브 시니어'인가?

상식적 중년! 연장된 중년!
신문화 유통자!

"말세에 내가 내 영을 모든 육체에 부어 주리니
너희의 자녀들은 예언할 것이요
너희의 젊은이들은 환상을 보고 너희의 늙은이들은 꿈을 꾸리라."
사도행전 2:17

세상 말세(未世)다. 물론 말세라는 말은 사회질서와 정신이 타락하고 쇠퇴하여 끝에 다다랐다는 말이지만, 동시에 시대의 기대와 소망을 고스란히 안고 있는 말이기도 하다. 망하고 끝나는 것이 아니라 끝내고 시작한다는 의미에서 요즘은 말세가 맞다. 기계 속에서 소통하고, 아이도 태어나 기계로 들어가고, 노인은 기계를 몸에 심고 살아가는 시대가 되었다. 그러니 그야말로 과거가 쇠락하여 끝에 다다르고 과거는 상상도 못할 새 시대가 도래했다. 그러니 성경대로라면 늙은이가 꿈을 꿀 시기가 되었다.

제대로 된 꿈은 시대를 만든다. 이성계는 1만 집의 닭이 동시에 울며 1천 집 다듬이 소리가 한 번에 나자 허름한 집에 들어가 서까래 3재를 지고 나왔고 곧 꽃이 떨어지고 거울이 땅에 떨어져 깨진 꿈을 꾸었다. 이성계의 이 꿈은 무학대사의 해석을 거쳐 조선 건국의 예고가 되었다. 무의식의 왕도인 꿈은 자신도 몰랐던 깊은 소망과 욕망들을 보여 주고 이것을 의식화해 주는 과정이다. 시니어들의 세상에 그들이 꾸는 꿈은 새 세계를 구축할 예지몽이자 시대의 건국몽이다. 이런 벅찬 꿈을 꾸는 이들의 이름은 무엇인가? 액티브 시니어!!

'액티브 시니어'라는 말은 누가 했을까? 액티브 시니어는 노인발달심리학자였던 미국 시카고 대학교 심리학과 교수 버니스 뉴가튼(Bernice Neugarten)이 처음으로 제안했다. 그는 "오늘의 노인은 어제의 노인과 다르다"라며 시니어 중 건강하며 안정적인 경제력과 여유로운 시간을 바탕으로 하고 싶은 일을 스스로 찾아 도전하는 세대를 특정했다. 뉴가튼은 노년의 연령을 구분한 것으로 유명하다. 그는 55-64세를 초령노인(young-old), 65-74세를 고령노인(old-old), 75세 이상을 초고령노인(oldest-old)으로 구분하였고, 이중 은퇴 이후 시니어들의 활동성을 언급하며 '액티브 시니어'를 언급한 바 있다.[4]

영어로 붙여진 액티브 시니어를 한자식으로 표현하자면 '활력

옹'(活力翁) 정도 될 텐데, 이 책을 읽는 당신은 지금 '옹'(翁)인가? 옹은 본래 그 옛날 《삼국사기》에 따르면, 신라에서 사용하던 관직명이었고 이후 일상으로 내려와 주로 나이 많은 남자 어르신을 부르는 호칭이 되었다. 그러나 이 말은 재미있게도 47세밖에 되지 않았던 조선 왕 정조 이산이 1798년 12월 3일부터 '만천명월주인옹'(萬川明月主人翁)이라고 인장에 새겨 봉인으로 사용했고, 우람한 글쓰기로 유명했던 시대의 운동가 함석헌 선생이 나이 쉰에 이미 옹으로 불렸다. 뉴가튼의 분류가 사회적 활동과 건강 상태에 따른 객관적 지표를 중심으로 한 분류라면, 정조나 함석헌 선생의 옹은 주관적 지표이자 '자기이름표'를 '멋'대로 붙인 경우다. 더 늙어 노인이라 하고 덜 늙어 젊은이라 하는 걸까? 객관적 지표이건 주관적 이름표이건 잘 늙겠다는 다짐과 소망은 공통적이다.

그렇다면 노인이 꾸는 '옹몽'(翁夢)은 잠든 꿈이기보다 눈 뜨고 꾸는 꿈일 텐데, 눈 뜨고 꾸는 꿈은 늘 미래를 주시한다. 본능적으로 앞으로 향하는 꿈은 개인 건재의 꿈이자 활력적 집단이 만드는 이미지의 결정체이다.

좀 묵은 지표이기는 하나 유엔유럽경제위원회(UNECE)는 2013년 활동적 노화의 강점과 개선 가능성을 분석하면서 국가별 비교를 통해 활동적 노화 영역과 지표를 제안한 바 있다.

이 분류는 활동적 노화를 구가하는 영역을 '고용'과 '사회 참여',

활동적 노화 영역과 지표(UNECE 2013)

전체 지표	활동적 노화 지표(Active Ageing Index)			
영역	고용	사회 참여	독립적이고 건강하며 안전한 생활	활동적 노화를 위한 환경 변화 수용
지표	55-59세 취업률	자원봉사 활동	규칙적인 운동	55세 기대여명
	60-64세 취업률	손자녀 돌봄	병의원 접근성	55세 건강수명의 공유
	65-69세 취업률	노인 돌봄	독립적인 생활	정신 건강
	70-74세 취업률	정치 참여	경제적 안전	정보통신의 사용
			신체적 안전	사회 유대감(관계)
			평생 학습	교육 정도

활동적 노화의 실제적인 경험들   활동적인 노화 역량

※출처: UNECE(2013). Active Ageing Index 2012-Concept, methodology and final results.

'독립적이고 건강하며 안전한 생활', '활동적 노화를 위한 환경 변화 수용' 영역으로 나누고, 이에 따른 활동적 노화의 실제 경험들과 활동적 노화 역량을 두루 갖춘 시니어들의 특성을 잘 보여 주고 있다.

　이 지표들을 가만 살펴보면 여전히 젊어 연장된 중년을 살고

있는 액티브 시니어들의 소망이 고스란히 녹아 있다. '늙은이의 꿈'[翁夢] 말이다. 유엔유럽경제위원회 지표들은 건강하고 여전히 사회적이며 수용적이고 학습과 정치 참여를 멈추지 않고 독립성을 유지하며 정보통신과 사회적 유대감도 유지하고 있는 노인들의 꿈의 지표이기도 하다. 돌아보면 감사요 고개를 들면 비전이 있는 액티브 시니어들은, 과거의 노인 이미지와는 달리 건강을 지키며 활력과 에너지가 넘치고 자기 스스로에 대해 기꺼이 투자하기에 소비 수준 역시 높다. 액티브 시니어는 사실 단순한 노년에 대한 개명(改名)이 아니라 역사적인 변화를 말한다.

유엔유럽경제위원회(UNECE)의 분류가 주로 사회적 활동성에 중심을 두고 있다면, 소비 특성에 따라 액티브 시니어의 특성을 구분하기도 한다. 액티브 시니어는 액티브 스마트 실버 세대들을 이루는 학술용어로, '뉴시니어'(New Senior)라고도 부른다. 이들은 '자아', '향수'(鄕愁), '젊음'이라고 하는 3가지 키워드를 중심으로 해석된다. 1960-1970년대에 20대와 30대 청춘을 보내며 서구의 문화를 음악과 음식으로 경험한 첫 세대로, 1980년대 문화 개방과 여행 자유화로 평범한 사람들이 비자를 받은 첫 세대이다. 소비와 문화는 습관으로 자리 잡고 풍요는 오랫동안 호흡했던 공기와 같아서, 이 세대들은 나이를 먹어 가면서도 여전히 건강함을 유지하고 소비 시장의 새로운 다크호스로 등장하여 소비를 견인하고 있다. 보이스피싱이나 스미싱의 피해자, 불법홍보관에서 두루마리 휴지를 들고 나오고 게르마늄 매트로 덤탱이를 쓰는 무력한 소비자가 아니라 스마트한 소비를 통해 수지를 맞추고 경제의 흐름을 바꾸는 힘을 가진 소비 주체들이다. 아이들도 성장해 떠나 부부 중심의 삶을 영위하는 문화를 만들며 TONK(Two Only No Kids), 즉 아이들 출가 후 둘만 오붓이 살아가는 특별한 문화소비욕구 세대가 바로 '뉴 시니어'이고 '액티브 시니어'이다. 액티브 시니어는 은퇴 이후에도 소비생활과 여가생활을 즐기며 사회 활동에 적극적으로 참여하고 세대 간 활발히 교류하며 활동적 노년을 살고자 하는 새로움에 도전하고 신매체에도 능숙한 노년 세대를 말하는 포괄적 용어이다.

시니어 세대의
자기 인식

"우리가 돈이 없지 가오가 없냐!"

　'가오!' 폼 잡는다고 할 때 폼을 속되게 이르는 말인 '가오'는 일상에서 우리가 자존심을 붙잡고자 할 때 한 번씩은 써 본 말이다. 젊은 자부심, 젊부심에 하는 말이지, 실제 나이 들어서 돈이 없으면 대부분 가오도 없다. 그래서 그렇게 신의 가호(加護)를 빌었나 보다. 그러나 그도 옛말이다. 현대 노인의 4가지 고통이라는 가난[貧], 질병[病], 고독[孤], 무위(無爲)는 액티브 시니어에 대한 단어가 아니다. 일괄적으로 고통스러운 노년을 상징하는 빈병고무위(貧病孤無爲)를 살았던 작고한 부모들의 전철을 밟지 않고자 액티브 시니어들은 이미 준비를 마쳤다. 액티브 시니어들은 "가오만 있냐? 돈도 있다!" 그리고 심지어 청춘의 심장도 있다.

'연타남'(연금 타는 남자) 64세 영석 씨는 자칭 연금의 황제이다. 옛날부터 어른들 말씀에 돈 자랑과 자식 자랑은 하는 게 아니라지만, 돈 자랑과 자식 자랑이 가장 재미있다. 사실 이 2가지를 빼면 뭐가 있겠는가? 연금 타는 남자 일명 '연타남'인 영석 씨는 한 달이면 아내의 연금까지 합쳐 430만 원을 수령해 왔다. 국민연금과 퇴직연금에 오랫동안 넣었던 개인연금을 합친 금액이고, 최근엔 주택연금까지 가입하면서 한 달 540만 원씩 연금을 받는다. 애 둘은 모두 독립했다. 그리고 만날 때마다 친구들에게 자랑'질'이다.

골프를 치는 건 아니지만, 아내와 꿈꾸었던 캠핑카를 사서 전국 방방곡곡을 다니며 인스타그램에 자신들의 일상을 올려 자주 친구들 약 올리는 게 영석 씨의 취미이다. 영석 씨나 아내 주미 씨 모두 고졸인 게 늘 아쉬워 사이버대학을 다니며 생의 새로운 전기를 만들고 있다. 캠핑에 필요한 각종 장비들은 인터넷으로 구매했고, 휴대전화에 각종 애플리케이션을 깔아 각종 할인혜택과 포인트를 누리고 있다.

전국에 흩어져 있는 친구들을 찾아다니며 만나고, 가는 곳마다 특산물들을 사서 친구들에게 팔기도 했다. 특히 특용작물인 모링가를 재배하는 분과 우연히 연결되어 친구들과 지인들이 영석 씨 부부에게 모링가 차뿐 아니라 보이차 등 건강식품들을 주문하게 되었다. 일종의 플랫폼 역할을 시작하게 된 셈이다. 이들의 수입은 더 늘었고, 한 지역 방송에서 취재를 오기도 했다. 인터뷰에서 영석 씨는 돈 자랑, 자식 자랑, 직업 자랑을 모두 했고, 카톡을 통해 인터뷰 영상을 친구들에게 모두 뿌렸다. 영석 씨는 모든 친구들의 부러움을 사는 유명 '연타남 사업가'가 된 셈이다.

대개 시니어 소비자들은 자신들의 나이를 실제보다 6년에서 12년 정도 젊게 인식한다. 자신의 삶의 자리를 중년과 연결하여 인식하며 전통적 의미의 노년들과 자신들을 구별한다. 전통적 의미의 시니어 세대와 액티브 시니어 세대를 비교하면 다음 표와 같다.

액티브 시니어와 기존 시니어 세대의 생활 의식에 대한 이 표는 변화하는 세대의 중심 용어로서의 '액티브 시니어'의 특성을 한눈에 보여 준다. 전통적인 노인의 생활관이 보수적이고 수동적이며 제한적인 특징을 갖는 반면, 액티브 시니어는 합리적이고 미래지향적인 인생관을 추구하고 있다. 노년기에 대한 의식 역시 전통 노년층이 노년기를 인생의 종말기로 이해하며 죽음과 연결시키는 것과 달리, 액티브 시니어는 노년 시기를 자아실현이 가능한 기회의 시기로 보고 제3의 인생을 열어 갈 장으로 해석한다.

기존 시니어 세대와 액티브 시니어 세대의 차이점

구분	기존 시니어 세대	액티브 시니어 세대
성장기	산업화 전인 1970년대 이전	산업화 후인 1970년대 이후
세대 특성	보수적, 동질적, 수동적	미래지향적, 다양성, 적극성
독립성	약한 독립성(대가족 지향)	강한 독립성, 사회시스템 의지(핵가족 지향)
경제력	독립적 경제력 보유층 얇음	독립적 경제력 보유층 두터움
교육 수준	저학력	고학력
노년 의식	인생의 황혼기	새로운 인생의 시작, 자아실현의 기회
가치관	본인을 노년층으로 인식	연장된 중년, 나이와 젊음은 별개
소비관	검소가 최고의 미덕	합리적 소비
취미 활동	무취미, 동 세대 간 교류	취미의 다양화, 다른 세대와 활발한 교류
레저관	일 중심, 여가 활용에 미숙	여가 자체의 가치에 목적
여행	단체 여행, 효도 여행	여유 있는 부부 여행, 자유 여행
금융 경험	예금 위주의 금융 상품	다양한 금융 상품
재테크	고수익 고위험 상품에 대한 수요와 지식 부족	재테크에 높은 관심, 다양한 자산 포트폴리오 구성

구분	기존 시니어 세대	액티브 시니어 세대
노후 준비	자녀 세대에 의지	스스로 노후 준비
독립성	종속적, 자녀 의지	독립적, 배우자 및 사회 시스템에 의지
보유 자산	자녀에게 상속	자신의 노후를 위해 소비, 자산 처분
생활 스타일	순한국식 선호	타 문화와 적극 교류
평생 교육	수혜적 교육	참여적, 창출적 교육
이혼관	이혼 불가	이혼 가능, 졸혼
여성의 사회 참여	수동적 참여	적극적 참여

이 분류는 강동균(2011)이 제안한 5항목 비교를 필자의 연구관찰 결과를 바탕으로 대폭 확장하여 수정한 것이다.

삶의 태도 역시 절약과 검소, 소박, 사치 금지 등의 긴축적 방식을 보이는 기존 시니어 세대와 달리, 액티브 시니어는 여유를 중시하고 소비에 부정적이지 않으며 다양한 취미를 소비하고 이에 따른 지출을 자연스럽게 여긴다. 이는 분명 노년기의 라이프 스타일이 다양해진다는 점을 반증한다.

액티브 시니어의 영역은 온라인과 오프라인을 오가고, 지역사회의 시스템을 통해 안정성을 꾀하며, 정보를 통해 가치를 창출하고 안정적 수입과 의미 있는 일상 구축을 통해 여유 있게 삶을 구성한다. 그리고 사회적 또래들과 정서적 망을 구축하며 상호성을 높인다. 생애플랫폼을 구축하고 그 속에서 관계와 정보와 감정의 망을 견고히 해가는 것이 바로 액티브 시니어의 실존이다.

액티브 시니어의 소비:
자신을 위해 기꺼이 돈 쓰는 신(新) 노년 인류

"소확행, 소중하지만 확실한 행복? 소비가 확실한 행동!"

세상에서 제일 재미있는 구경은 쌈구경과 불구경이라던가? 대신 세상에서 가장 재미있는 일이 뭐냐고 물어보면 누군가는 게임이고, 누군가는 계획을 세우는 일이며, 또 다른 누군가는 타인을 돕는 일이라 말한다. 어떤 사람은 돈 버는 일이라고도 하지만, 세상에서 가장 재미있는 일은 역시 돈 쓰는 일이다.

물건에 대한 욕망이 있건 없건 간에 대부분의 사람들은 원 없이 돈을 써본 일이 없다. 어려서는 받아쓰는 게 늘 아쉽고, 좀 더 커서는 월급이 적고 미래가 걱정되니 모았고, 결혼 후에는 자식들 입에 밥 넘어가는 소리 듣느라 나를 위한 소비는 없었다. 그러고 보면 우리는 평생 자식으로 살 때나 부하직원으로 살 때나 부모로 살 때나 나를 위해 통 크게 '질러' 본 적 거의 없다. 이런 습관이 들어서인지 나이가 들어서도 나를 위해 뭔가를 하는 것이 어색하고 죄를 짓는 느낌이 들기도 한다.

> 인간이 자기 관심과 본래의 모습을 표현하는 방법이 인본주의적 양심이라면, 권위주의적 양심은 순종과 자기희생, 의무 및 사회적 적응(social adjustment)과 관계가 있다. 인본주의적 양심의 목표는 생산이며, 따라서 행복이기도 하다. 행복은 생산적인 삶에 필연적으로 수반되는 것이기 때문이다. 누군가가 품위 있게 보이더라도 우리가 그 사람의 도구가 되어 자아를 상실한 채 무력하고 불행하며 체념해 살아간다면 양심의 요구에 반하는 것이다.
>
> _에리히 프롬,《자기를 위한 인간》233쪽.

물론 우리가 불행하지는 않았다. 자식을 먹이고 가정을 일구는 모든 과정은 생육하고 번성하는 일이었고 보람과 의미가 있었다. 다만 오랫동안 잊고 살아온 '자기를 위한 인간살이'를 생각할 때가 되었다는 말이다.

세상에 둘도 없는 짠돌이 경훈 씨는 60세가 넘도록 양말을 기워 신는다. 요즘 세상에 누가 양말을 기워 신나 싶지만, 애들이 버린 양말의 일부를 잘라 구멍 난 엄지발가락에 붙여 기운다. 가끔 아이들이 어린 시절 입었던 옷들에서 잘라 모아 두었던 소맷부리를 늘어난 양말목에 덧대어 꿰매 신기도 한다. 아무것도 못 버리게 하고 인생이 아나바다(아껴 쓰고 나눠 쓰고 바꿔 쓰고 다시 쓰고)인 남편의 그 궁상과 청승에 고개를 절레절레 저으며 아내는 33년째 살고 있다. 너무 가난했던 자신의 어린 시절을 아이들에게는 물려주지 않겠노라 말했던 그 다짐이 유효하기에는 애들도 같이 늙어 가고 있는데 인이 박인 듯 경훈 씨는 오늘도 양말을 깁는다. 이 정도면 절약이 아니라 질병이 아닌가 생각하면서도 아내는 이번 생애 이 남자에게 소비는 어렵겠다 생각하고 남편과 살아간다.

한평생 짠돌이였던 경훈 씨가 달라진 건 재무상담 덕이었다. 늘 돈이 없어 미래가 불안할까 봐 고민이 많았기에 동산과 부동산 모으기에 바빴고, 모아도 늘 부족하다는 생각뿐이었다. 깊은 시름에 잠겼던 경훈 씨가 아내의 설득 끝에 재무 전문가에게 상담을 통해 재무조정을 한 후 마음의 안정을 얻었다. 정말 '경제는 심리'인 건지, 얼굴색마저 바뀐 경훈 씨는 평생 마음에 있었지만 선뜻 사지 못했던 스피커를 샀다. 늘 클래식을 좋아해 결혼 전 LP판을 사 모으고 하루에 몇 번씩 CD가 닳도록 음악을 들어 온

경훈 씨에게 스피커는 큰 결심이었다.

아내와 가족회의를 통해 한 달에 10만 원씩 취미활동비를 사용하기로 한 경훈 씨는 이제 매일이 기쁘고 신난다. 생애 처음으로 연주회를 가 보기도 했다. 안정과 돈이 노년의 심장 주름을 편다.

자기를 위한 소비란 뭘까? 의존을 최소화하고 독립을 최대화하면서 삶의 질 향상을 위해 여가·문화적 참여에 적극적인 것을 말한다. 이러한 활동에 따라 패션, 건강, 매너에 대한 관심이 높은 시니어들은 실버패러다임의 변화와 존재를 확실하게 보여 주는 지표라 할 것이다. 이들은 외모 가꾸기에 적극적인 관심을 보이기 시작했으며, 젊음 유지를 위한 의료행위에 기꺼이 소비를 시작하였다. 안티에이징 시장은 이미 전 세계적으로 300조 원이 넘으며, 국내 시장만 해도 2015년 기준 12조 원에 달한다. 그중 주름개선 화장품 시장은 8조 9천억 원을 차지한다.

액티브 시니어의
소비 패턴

"입 닫고 지갑 한번 열어 주라. 회식을 올 생각은 말아 주라. 주라주라
휴가 좀 주라. 가족 같은 회사? 내 가족은 집에 있어요!"
둘째이모 김다비의 <주라주라주라> 중에서

　둘째이모 김다비 신드롬을 아십니까? 김다비는 비가 많이 오는 날 태어났다 해서 이름이 '다비'라는데, 개그우먼 김신영의 부캐이다. '부캐'란 부가적 캐릭터, 두 번째 캐릭터의 줄임말로, 본연의 이미지 이외에 전혀 다른 캐릭터를 설정하고 그에 따른 행동과 특이점을 만들어 자신의 다른 재능을 투여하는 방식을 말한다. 그러니 김다비는 실존하나 실존인물이 아니고, 없는 인물이나 '주라주라'라는 노래로 활동한다.

　김다비는 빠른 45년생으로 약초 캐기가 취미이며 이 시대 직

장인들을 대신해 세상에 쓴소리를 하며 인기를 끌고 있다. 올린 똥머리에 윗선이 굵은 안경테, 빨간 입술에 치아 사이에는 립스틱이 묻어 있고, 산에 안 가도 빨간 조끼를 입고 골프는 안 쳐도 기능성 핑크 계열 골프웨어에 골프장갑을 끼고 있다. 허리주머니 백도 잊지 않는다.

부캐인 김다비는 거침없고 밀리지 않는 의상 감각과 넘치는 활력이 가득한 캐릭터이다. 도시를 떠나 독처하며 사람들의 관심을 유발하는 자연인이 탈도시적이라면 김다비는 친도시적이며, 머리부터 발끝까지 소비를 유발하는 그야말로 핫이슈이다. 소비적이며 적극적이고, 시대 젊은이를 대변하며 동시에 유머를 잃지 않는다. 본연의 자신과는 다른 삶을 기꺼이 선택하는 인물로서 김다비는 립스틱과 옷 색깔만큼 심장도 역동적이고 붉다.

마치 부캐 김다비처럼 액티브 시니어는 편리와 유행을 동시에 추구하며 자신의 소비를 숨기지 않는다. 45년생이면 기초연금도 받을 나이이나 그녀는 당당하고 구김 없다. 액티브 시니어는 TONK족처럼 부부만의 노년을 지향하며 강한 독립심을 바탕으로 자식보다는 사회 시스템에 의지하고자 한다. 이와 맥을 함께하듯 노후 설계 역시 기존 시니어들이 자식의 봉양과 지원을 근간으로 노후를 계획하는 것과 달리, 액티브 시니어는 연금 등 자산에 대한 관리와 운영을 통해 계획적 노후 설계를 했다. 노인은 노인답게 살아야 한다는 전통적 가치관은 액티브 시니어에게는 완전히 달라진다. 이들은 나이와 젊음은 별개라고 여기며 활동성의 기준을 연령 숫자에 두기보다 활동의 정도로 판단했다.

기존 시니어 세대가 놀이와 레저에 대해 생산의 가치를 중시하며 일의 재미와 중요성을 강조하고 여가는 부차적인 것으로 보았던 것과 달리, 액티브 시니어는 여가 자체에 가치를 두며 그 자체를 목적하는 것에 더 의미를 둔다. 자산 처분을 할 때 기존 시니어들은 주로 자녀에게 상속·증여 방식을 택하는 반면, 액티브 시니어들은 자산을 전문적으로 관리하면서 자식보다는 자신과 자신의 관심사에 자산을 투여한다. 여행 형태도 다르게 나타나, 기존 시니어들이 계모임, 친목 등의 목적으로 단체 여행을 선호했다면, 액티브 시니어들은 부부만의 여유 있는 여행을 선호하였고 기꺼이 값을 지불하며 자기주도형 여행을 선호한다. 식사를 포함한 생활 스타일에서는 기존 시니어들이 순한국식을 선호하는 반면, 액티브 시니어는 낚시와 골프 등을 즐기며 타 문화와 적극 교류하는 특징을 보인다. 다음 표를 보면, 액티브 시니어들의 자기보존과 사회적 상호작용을 위한 수요를 잘 보여 주고 있다.

이런 면에서 최근 시니어 친화적(Senior Friendly) 서비스들이 급증하고 있는 것은 단순히 시니어층의 증가뿐 아니라 이들의 성향을 최대한 반영하고 있다. 액티브 시니어들의 트렌드 선도와 특

액티브 시니어의 소비 성향에서 도출한 관심 업종 분류 및 특징

· 액티브 시니어는 건강에 대한
　관심이 많다.
· 건강식품, 보조제 등의
　주요 소비 계층이다.
· 안티에이징, 다이어트 등
　자기관리를 중요시한다.
· 건강 유지를 위한 합리적인 지출을 한다.

· 액티브 시니어는
　스스로를 젊다고 여긴다.
· 젊은 세대의 라이프 스타일을
　적극 수용한다.
· 취향에 맞는 양질의 제품에
　아낌없이 투자한다.
· 자기만족이 높은 제품을 선호한다.

건강	패션
여행·레저	재테크

· 여가 활동으로 여행을 선호한다.
· 만족도 높은 자유여행을 선호한다.
· 나이와 세대 관계없이 하고 싶은 것을 한다.
· 문화생활 및 레저시설 이용 비율이 높다.

· 안정적인 삶을 위해 재무 설계와
　같은 재테크에 관심이 많다.
· 연금, 보험, 상조 등에 관심이 많거나
　가입되어 있다.

※ 출처: 김우섭 등(2018), 액티브 시니어의 문화 향유 콘텐츠 선호도 비교 평가, 재활복지공학연구회 논문지 제12권 1호,
　20-28, 21쪽 재구성.

별함은 이들에 대한 주요 연구 주제와 그 결과를 통해 잘 나타난다. 아웃도어의 주 고객 연령층은 이미 안정적인 경제력을 갖춘 5060세대 이상으로 넘어간 지 오래이다. 2015년에 발표한 삼성패션연구소 조사 결과에 따르면, 스포츠·골프웨어 시장 연령별

추이에서 60세 이상의 시니어 비중이 2009년 첫 조사 이후 가장 높은 26.8퍼센트까지 올라 전 연령층 가운데 가장 높은 비율을 기록하였다. 또한 55세 이상 시니어의 비중도 37.4퍼센트로 전체의 3분의 1 이상을 차지하고 있어 시니어층이 스포츠·골프웨어 시장의 주요 고객층으로 부상하였다. 삼성경제연구소에 따르면, 액티브 시니어의 소비 규모가 2020년에는 약 125조 원에 달할 것이란 전망이다.[5] 기꺼이 선택하고 주저 없이 자기중심소비를 하는 이 세대의 특징은 성장과 풍요 경험에서 얻은 교양의 수요 역시 키우고 있다.

기존의 시니어층과 구분되는 특징적인 부분을 가진 이러한 젊은 시니어층을 '액티브 시니어'라고 지칭하는 이유는, 다중 정보 수용과 창출의 주체로 그 역할을 새로이 시작하는 창조적 특성을 보이기 때문이다. 동시에 액티브 시니어들은 미디어 공간을 통해 새로운 소비자로서 각광받고 있다. 연령에 따라 액티브 시니어를 구분하기도 하지만, 경제적 안정성과 실제 연령 대비 젊은 소비를 하는 사람들을 액티브 시니어라고 한다면, 경제력과 주관적 나이에 따른 소비층을 보면 액티브 시니어들의 특징은 두드러진다.

소비 활동 수준이 높으면 행복감과도 연결될까? 실제 일상 소비, 놀이여가, 재테크, 수집 활동, 타인의식 소비, 의례 활동, 외모 가꾸기, 친환경 소비, 윤리적 소비 등 다양한 소비를 중심으로 500명에게 설문하여 전반적인 소비 활동에 대하여 분석하였다.[6] 그 결과, 소비 활동 수준이 높아지면 소비행복이 높아지고 다시 삶의 행복이 증가하였으며, 구체적으로는 삶의 행복의 구성요소인 삶의 만족, 긍정적 감정이 증대되었다. 대체로 놀이여가, 외모 가꾸기 등 경험적 활동이 일상소비, 재테크 소비 등 물질적 활동에 비하여 삶의 행복에 크게 기여하는 것으로 나타났다. 놀이여가 활동이 소비 행복을 통하여 그리고 직접적으로 모두 삶의 행복을 증대하는 데에 기여하였다. 외모 가꾸기는 소비 행복을 통하여 삶의 행복으로 이어지는 효과가 확실하게 나타났으며, 윤리적 소비 활동도 삶의 행복에 긍정적인 영향을 미치는 것으로 나타나 소비자들이 윤리적 소비 자체에 의미를 두고 있는 것으로 파악되었다.

KT경제경영연구소에서는 액티브 시니어가 이끄는 이러한 실버시장 변화를 브라보(B.R.A.V.O) 라이프 스타일로 명명하며, 그 특성을 잘 보여 준다. BRAVO란 경제력(Bankable), 관계력(Relation), 활동력(Active), 가치소비(Value consumption), 소속 의지(Occupation)의 성격을 담은 생활스타일을 말하는데 첫째, 경제력은 높은 소득 수준과 탄탄한 노후 준비를 의미한다. 둘째, 관계력은 사회적 관계와 가족 관계 유지와 창출을 의미한다. 셋째, 활동력은 적극적으로 자기 발전에 참여하고 이를 중요시하는 것을 의미한다. 넷

경제력과 인지 나이에 따른 시니어 그룹 구분

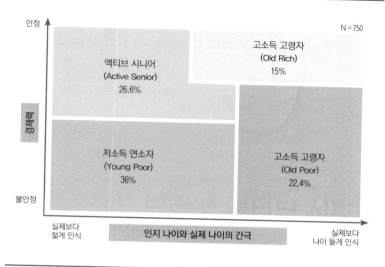

※ 출처: 정지혜(2010). 대한민국의 시니어 그들은 어떤 소비자일까. LG 비즈인사이트. 2010. 8. 18. p. 12.

째, 가치소비는 생존보다는 가치에 의미를 두고 여가 활동, 건강, 외모를 중시하는 성향을 말한다. 다섯째, 소속 의지는 가능한 직업 소속을 중심으로 지속적 활동을 하고자 하는 것이다.

'BRAVO 액티브 시니어'는 탄탄한 경제력을 바탕으로 독립성을 구축하면서 기꺼이 소비할 수 있고, 사회적 관계를 유지하고 재구성하면서 관계망을 확충하며 사회적 욕구를 충족한다. 또한 자기관리를 위해 교육과 여가 등 장기적 소비에도 적극적이며 디

BRAVO 라이프 스타일

약자	구분	내용
B	Bankable(경제력)	소득·소비 수준이 높음. 부동산, 연금·예금 등 준비된 노후 자산 유지를 위한 노력
R	Relation(관계력)	기존 관계를 중심으로 사회 활동 강화. 종교·친목·취미 모임 증가. 가족관계 중시
A	Active(활동력)	적극적, 자기중심 성향. 꾸준한 건강관리. 평생교육·여가·사회 참여 활발
V	Value Consumption (가치소비)	가치소비 성향. 여행·등산·골프 등 여가 활동 소비 증가. 고급적 성향, 디자인 중시, 외모 투자
O	Occupation (소속 의지)	지속적인 근로 활동 희망. 경력과 유관한 직업 선호. 창업에 대한 욕구

※ 출처: 이승우·이승미·오정은(2010). 액티브 시니어가 이끄는 실버시장의 변화와 준비. 서울 경제경영연구.

자인 중심, 외모에 대한 투자와 새로운 활동에 대한 도전으로 자신의 존재감을 지속적으로 드러낸다.

 자, 그럼 당신은 액티브 시니어인가? 다음의 질문에 답해 보자. 액티브 시니어 진단지는 총 20개의 문항으로 구성되어 노화에 대한 인식과 사회 활동에 대한 적극성, 정보에 대한 인식과 그 활용 능력, 자기 관리를 위한 노력과 실행, 경제 활동 여부, 생애 행복감에 대한 총평 등이 포함되어 있다. '예'와 '아니요'로 답을 하고 '예'일 때 점수 1점을 부여하고 '아니요'에는 0점을 부여한다. 만일 액티브 시니어 진단 결과 10점 이상이 나왔다면 당신은 액티브 시니어가 맞다. 각 주제 항목에서 0점이 나오는 경우라도 총 점수가 10점 이상이라면 그렇다.

액티브 시니어 진단지

다음 항목을 읽고, '예' 혹은 '아니요'에 체크하세요.

	항목	예	아니요
1	일상에 활력이 있고 때로는 넘친다.		
2	새로운 것을 더 배우고 싶다.		
3	나이에 맞는 일은 따로 있다는 건 옛말이다.		
4	나이 드는 건 맞지만 끝난 건 아니다.		
5	젊은이들의 활동에 호기심이 생긴다.		
6	말하기보다 듣기가 좋다.		
7	젊은 시절이 좋았지만, 지금도 좋다.		

		항목	예	아니요
8		요즘은 정보시대다.		
9		스마트폰 기능을 4가지 이상 사용한다(전화, 문자, SNS, 동영상 및 사진 찍기, 금융, 뉴스, 쇼핑, 게임 등).		
10		SNS(카카오톡·페이스북·인스타그램 등)를 하고 유튜브를 본다.		
11		학습 활동에 참여하고 있다.		
12		자주 모이는 사교 모임이 있다.		
13		지지하는 정당이 있다.		
14		아르바이트나 자원봉사를 하고 싶다.		
15		운동을 하려고 애쓴다.		
16		시간이 아깝다.		
17		필요한 경우 기꺼이 소비한다.		
18		나가면 만날 친구/사람이 있다.		
19		하루하루가 대체로 즐겁다.		
20		아쉬움도 있지만 나는 꽤 괜찮은 삶을 살았다.		

〈액티브 시니어 진단지〉는 노화 인식, 사회 활동, 정보 활용 능력, 자기 관리, 경제 활동, 행복감 요소를 중심으로 20문항의 질문으로 구성되어 있다. '예'와 '아니요'로 답변하며, '예=1점, 아니요=0점'으로 채점한다. 10점 이상이면 액티브 시니어이며 점수가 높을수록 활동적인 액티브 시니어라고 판단한다.

액티브 시니어 진단 결과는 총 4종류의 시니어 적응 유형과 연결된다. 먼저 '비참여 유지형'(1–5점)은 긍정적 자기 이미지는 약하나 여전히 건강하고 안정감을 유지하는 형이며, 다소 권위적인 특성이 있다. 돈 쓰는 일에 신중한 편이며 낭비하지 않는다. 삶의 만족도가 높지는 않으나 일상이 규칙적이다. SNS를 잘 하지 않으며 자기를 잘 드러내지 않는다. 소비를 즐기지 않으며 한계를 넘는 소비는 거의 하지 않고 매우 알뜰하다.

'비참여 내실형'(6–10점)은 긍정적 자기 이미지가 다소 약하고 에너지 수준이 높지 않다. 그러나 삶을 나눌 소수의 친구들이 확실한 소속감을 가지고 움직인다. 침착하고 자신의 한계를 잘 알고 있기에 무리하는 일이 없으며 남에게 큰 관심이 없고 조용한 삶을 추구한다. 온라인 강의 등 조용히 선택할 수 있는 학습을 즐기고 삶에 대해 긍정적이다. 필요한 소비는 기꺼이 하나 자신을 위한 소비에는 소극적이다.

'참여 보수형'(11–15점)은 긍정적 자기 이미지가 강하고 모임에도 적극적이다. 그러나 실속 있는 편이며 불필요한 영역에 에너지를 낭비하지 않는다. 안정적 사회적 관계력과 자기관리 능력이 뛰어나며 또래들의 부러움을 사는 사람이다. 일주일에 3개 이상의 약속이 있으며 2개 이상의 정기적 모임에 참여하는 사람일 가능성이 높다. 그러나 남의 일에 잘 끼어들지 않고 에너지를 가족에게 많이 투여하며 평판 관리에 철저한 편이다. SNS와 같은 사회적 관계에 참여하나 적극적으로 자신을 노출하지는 않는다. 돈을 규모 있게 쓰며 안정적 수입이 있는 경우가 많다.

'참여 통합형'(16-20점)은 폭발적인 에너지와 적극적인 사회 참여로 세대를 넘나들며 친구를 사귀고 평균 5개 이상의 모임에 참석하며 대단히 사교적이다. 배움에 대한 열정이 크고 가르치거나 봉사하는 일에서도 리더십을 발휘한다. SNS와 같은 소통매체를

액티브 시니어 유형과 특성

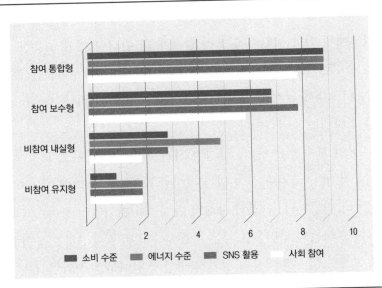

자유롭게 사용하고 스스로 콘텐츠를 계획하거나 만들기도 한다. 소비에도 적극적이며 세련된 외모를 지향하며 자신을 위해 기꺼이 소비한다.

액티브 시니어 진단지를 바탕으로 한 65세 이상 50명의 액티브 시니어들의 결과는 〈액티브 시니어 유형과 특성〉 그래프에 나타나 있다.

여러분의 결과와 비교해 보라. 어떤 점에서 일치하고 어떤 점에서 차이가 나는지 살펴보면 이번 조사에 응한 집단의 특성과도 상당한 일치점을 찾을 수 있을 것이다. 여러분이 함께하는 그룹들에게 〈액티브 시니어 진단지〉를 돌려 보고 그 유형을 함께 공유해 보라. 집단의 높은 동질성을 확인하고 환호하는 수많은 액티브 시니어들을 보게 될 것이다.

당신은 어떤 유형의
액티브 시니어인가?

"송가인 팬카페 4만 8천 명 중 70퍼센트가 50대 이상이고 60대
이상은 25퍼센트에 이릅니다. 청소년들이 많이 구입한다는 연예인
기념상품, '굿즈'를 사거나 응원하는 가수의 음원 순위를 올리기 위한
'스트리밍'까지, 최신 팬 문화도 전혀 낯설지 않습니다."
KBS 8시 아침뉴스, 2019년 12월 30일

송가인 우산을 사지 못해 속상하다는 60대의 푸념을 듣는 시
대가 왔다. 과거 10대들이 아이돌에게 열광하던 것처럼 이들은
송가인에게 열광하고, 동시에 자신의 욕망과 삶에 열광한다. 남
진과 나훈아에 열광하고 조용필과 이용에게 열광했던 세대들이
〈전국노래자랑〉과 〈미스트롯〉, 〈미스터트롯〉을 통해 묻어 두었
던 팬심에 숨을 불어넣었다.

이들의 이런 열정과 활동 그리고 지원은 경제적 안정성과 건
강, 다 성장한 자녀 그리고 기쁨과 의미를 찾고자 하는 에너지와

열정이 있기에 가능하다. 우아한 일만이 의미 있다고 생각했던 과거의 제한적 노년 교양 영역이 두루마리를 펴듯 펼쳐지며 열정과 의미를 찾는 자리까지 확장되었다.

중년 이후의 삶을 만들어 가는 활동적 노년, 액티브 시니어에는 어떤 유형이 있을까? 이전 시니어들이 보수적이고 여가 생활에 무관심하고 단순 취미에 몰두했다면, 액티브 시니어는 높은 학력과 경제력으로 사회 활동에 적극적으로 뛰어들며 대중매체에 민감하고 사회 참여 기회 확대를 환영한다. 액티브 시니어는 그 수요와 활동 에너지만큼이나 다양하고 다채로운 생활양식을 보인다. 이동민과 이지연은 〈액티브 시니어의 사회 참여 기회 확대를 위한 서비스 디자인에 관한 연구〉(2014)에서 시니어들이 생각하는 자신의 생활양식 유형을 노후 설계형, 건강 관리형, 정보 추구형, 휴식형, 사교형 이 5가지로 구분하고 이를 행동(Behavior), 수요(Needs), 목표(Goal)로 나타내었다.[7]

액티브 시니어로 살아가는 사람들의 특징은 경제력을 바탕으로 삶을 준비하고 살아가는 노후 설계형, 건강을 지키며 삶의 만족을 높이는 건강 관리형, 기기와 매체를 활용하여 활동과 정보의 취합으로 사회적 활동력을 확장하는 정보 추구형, 한가함을 추구하며 여가와 안정을 도모하는 휴식형, 관계에 집중하고 오락을 즐기는 사교형 등 다양하다.

액티브 시니어의 라이프 스타일 유형

해당하는 항목에 체크하세요. 표시가 많은 쪽이 해당 유형이며, 유형
은 2가지 이상일 수 있습니다.

유형	구분	내용	□
노후 설계형	행동	은퇴 전 미리 계획해 놓은 노후 대책을 뒷받침할 학습을 시작. 미래에 생길지도 모르는 사고나 돌발 상황을 염두. 근검절약과 규칙적인 생활.	
	수요	노쇠하고 의지할 가족이 없더라도 생활에 불편함이 없으면 좋음. 믿을 만한 금융거래가 있지만 불안. 향후 거주지 선택이 고민.	
	목표	금전적, 정서적으로 안정된 노후 생활 영위. 꾸준한 자기계발과 적성에 맞는 근로 생활. 사람들과 지속적인 교류.	
건강 관리형	행동	스스로 건강 음식을 챙겨 먹음. 향후 2차 생산 활동을 위한 준비. 건강에 무리가 가지 않는 운동.	
	수요	노후에 막막해하는 시니어들과 교류. IT 기기 활용 관련한 필요성 증대. 나의 아이덴티티 표현 욕구.	
	목표	지병 없이 건강한 몸 유지하기. 정신적인 평온함 갖추기. 무언가 해내고자 하는 의지와 철저한 자기관리.	
정보 추구형	행동	기기 사용에 익숙하지 않아 어렵지만 계속해서 배우고 싶음. 취미 활동을 할 수 있는 장소에 대한 정보를 지속적으로 찾음. 새로운 친구를 사귈 수 있는 활동적 취미를 선호.	
	수요	취미 활동을 할 수 있는 곳에 대한 정보의 접근이 좀 더 쉬우면 좋겠음. 글씨가 작아 눈이 쉽게 피로하기 때문에 글씨가 더 잘 보이면 좋겠음. 다음 단계로 가려면 어디를 눌러야 하는지 잘 모르겠음.	
	목표	자기계발을 위한 취미 활동 관련 정보 찾기. 친목을 다질 수 있는 친구 만들기. 보다 쉽고 빠르게 원하는 정보 찾기.	

유형	구분	내용	□
휴식형	행동	주로 조용한 취미 활동을 즐김. 활동적인 취미 또는 사회 활동에 큰 관심이 없음. 친목 도모를 위한 소수의 인원과 만남.	
	수요	휴양, 휴식하기에 좋은 장소를 알고 싶음. 더욱 시니어의 몸 상태에 맞는 공간 등의 환경이 제공되면 좋겠음.	
	목표	마음의 안정 얻기. 몸이 편안한 생활하기. 조용하고 활동적이지 않은 취미 생활 즐기기.	
사교형	행동	미래에 대한 걱정보다는 현재를 즐김. 아끼지 않고 사소한 것이라도 나누거나 베풂. 사람들과 만날 일이 자주 있어 항상 외모나 옷차림에 신경을 씀.	
	수요	활동량이 많아 피곤함과 체력 저하가 심함. 군중 속의 외로움을 느낄 때가 있음.	
	목표	긍정적인 마음가짐으로 매사에 적극적인 삶을 살아감. 나이에 구애받지 않고 새로운 사람을 만나며 젊게 살기. 여행과 사교를 통해 많이 보고 많이 듣기.	

※ 출처: 이동민·이지연(2014). 페르조나 스타일을 재구성. p. 190.

　　자세히 설명하자면, 노후 설계형은 근검절약하며 철저한 자기관리를 중심으로 일상을 꾸려 나간다. 이들은 외부 근로 활동을 지속하며 혹시 모를 재정 건전성에 대한 안정을 도모하며, 가족이 없어도 큰 불편을 못 느낄 정도로 일상과 가사를 잘 해낸다. 노후의 안정성을 추구하며 디지털 매체를 통해 적극적으로 정보를 수용하며 주거 등 노후 대책을 이미 안정적으로 마련해 둔 경우가 많다. 2차 활동을 위한 자기계발에 매진하며 인간관계도 지속하며 삶의 만족감은 중간 수준이다.

건강 관리형은 운동 등으로 자신의 몸에 대한 적극적인 지원을 아끼지 않으며 헬스클럽 이용이나 요가학원, 건강식품 구매 등 건강 유지와 증진을 위해 기꺼이 소비한다. 풍족한 자산을 가지고 있으며 위급상황에 대한 준비가 잘 되어 있다. 외부 근로를 건강 차원에서 이어 가며 건강식을 추구하는 등 건강한 환경에 민감하게 반응한다. 그 대신 몸에 문제가 생기거나 질병 가능성이 커질 때는 과민해지는 경향이 있어 건강 정보에 민감하며 IT 기기 등을 통한 정보 수집을 중요하게 여기며 철저한 자기 관리로 주변의 건강 모델이 되기도 한다.

정보 추구형은 사회 활동 참여 수준이 매우 높으며 자기계발과 발전에 기꺼이 투자한다. 계획적인 금전 관리를 위해 재무 상담을 받기도 한다. 친목 활동과 여가 활동을 중시하며, 매체 접근성을 위해 휴대전화나 컴퓨터 사용 등을 중요하게 생각하지만 기기 사용이 익숙지 않아 스스로 '기계치'라고 생각한다. 새로운 기기 사용법을 배우는 데 열심이며 친구들을 만나고 사귀는 과정에도 기기가 큰 도움이 될 것이라고 믿는다.

휴식형은 정적인 취미를 즐기며 사회 활동은 상대적으로 적은 편이다. 적은 인원을 장기적으로 만나는 등 안정적인 관계를 선호한다. 에너지 수준이 낮은 편이고 활동량을 조절하지 않으면 쉽게 피로감을 느낀다. 깔끔하고 단정한 스타일이라 친구들을 만날 때에도 늘 깨끗하고 좋은 냄새가 난다는 평을 듣는다. 몰려다니는 것을 좋아하지 않고 외로움을 잘 안 탄다. 조용하고 한적한 공간에서 안정감을 느끼기에 휴양 공간을 선호한다.

사교형은 새로운 관계를 형성하는 것에 큰 기쁨을 느끼며 친목 모임도 대단히 많고 대부분 적극적으로 참여한다. 사람들을 많이 만나며 정보의 양도 방대하여 주변에서는 '정보통'으로 통한다. 휴대폰에 또래보다 훨씬 많은 전화번호를 가지고 있으며 SNS 활동에도 열심이다. 흥이 많고 여행을 즐기며 연령과 성별 구분 없이 새로운 관계들을 만들어 가나, 에너지 고갈이 심하고 군중 속에서도 고독하다. 리더십이 좋고 다른 사람들을 잘 챙기는 편이며 베풀고 나누는 일을 즐거워한다. 외모나 옷차림에 신경을 많이 쓰고 주변에서 '멋쟁이'라는 말을 많이 듣는다.

액티브 시니어를 위한
모든 검사지

"어렵고 힘든 일이 맡겨졌을 때 많은 사람들은 그 일을 피할 수 있게
해달라고 기도드린다. 하지만 나는 그 일들을 감당할 수 있는 강인한
어깨를 달라고 간구드린다."
밥 존스 주니어

"모이면 아픈 얘기하고 흩어지면 병원 간다!" 그게 중년 이후의
일상이다. 나도 5개의 모임 중 친목을 기반으로 하는 4개의 모임
에서는 기승전 '약'이다. 떠도는 모든 건강식품에 대해 물어보면
멤버들 입에서 각종 임상경험이 쏟아져 나온다. 그중 가장 안전
하다 생각하는 것을 바르거나 먹으면 대부분 성공이다. 옷이 유
행이듯 약도 유행이고, 최첨단 패션이 패션피플의 핵심 단어이듯
최신 '약'은 아픈 중년들의 키워드이다. 오지 않은 멤버가 있다면
아프거나 이미 병원에 있는 경우가 많다. 수시로 아프고 짬 나면

병원에 가는 이들도 액티브 시니어일까? 당연하다. 그리고 당당히 자부해도 좋다.

액티브 시니어라고 모두 건강한 것은 아니며, 그들이라고 모두 행복한 것은 아니다. 활동을 많이 한다고 무조건 좋은 것도, 사회적 참여를 많이 한다고 더 훌륭한 것도 아니다. 액티브 시니어는 이전 세대의 노년들에 비해 적극성과 활동성, 지적 호기심, 관계성, 경제 안정성, 아름다움 추구, 자기 관리 면에서 남다른 특성을 보이는데, 이는 스스로 자신을 알고 자신의 상황과 가능성을 타진하는 일련의 '노년의 자기 정체 찾기'의 열매이다.

액티브 시니어를 위한 검사지들은 손에 다 꼽을 수 없을 만큼 많을 수 있다. 그러나 여기서는 액티브 시니어로서 갖추어야 할 건강 정도, 행복감 수준, 활동 수요, 관계망 수요 등을 스스로 점검해 보기를 권한다. 먼저 건강 점검부터 시작해 보자.

아파도
액티브 시니어인가?

"통증은 하나님께서 우리 안에 심어 놓으신 내비게이터(navigator)다.
이를 통해 우리는 신체가 전달하려는 신호를 제대로 이해하고 문제의
원인을 발견한다. ……심적인 통증은 훨씬 깊이 숨어 있는 원인을
추적해야 한다. 통증이 절정에 이르렀을 때, 사방이 막혔을 때, 살아갈
소망이 산산조각 났을 때, 하나님께서는 우리가 문제의 핵심을 꿰뚫어
보고 본질을 파악해서 신위적인 믿음을 경험하기를 원하신다."

최호진, 《영혼의 밤》

세계적인 우주물리학자였던 스티븐 호킹 박사는 루게릭병으로
기관지 절제수술을 받은 후 얼굴의 움직임을 이용해 문장을 만
들고 음성합성기를 사용하여 의사소통을 하였다. 그렇다고 해서
1942년생으로 77세에 돌아간 그를 가리켜 액티브 시니어가 아니
었다고 말할 수 있을까? 안경을 쓴다고 모두 시각장애 진단을 받
지 않으며, 인공관절 수술을 한다고 장애가 있다고 말하지는 않
는다.

노년의 자기 정체를 보여 주는 또 하나의 이름 '액티브 시니어'

는 자신을 알고 세상을 알아 가며 사회적·역사적으로 자신의 자리매김을 하는 사람들이다. 자기 건강 체크는 신체 능력 점검이자 내게 필요한 것이 무엇인가를 발견하는 인생 도움 요청서와 같다. 자신 있는 자가 스스로를 보고, 용기 있는 자가 도움을 요청한다.

액티브 시니어를 위한 건강 검사지

지난 일주일간 당신은 다음과 같은 동작을 수행하는 데 다른 사람의 도움이 어느 정도 필요하셨습니까?

	항목	완전 자립	부분 도움	완전 도움
1	옷 입기	①	②	③
2	세수, 양치질, 머리 감기	①	②	③
3	목욕 또는 샤워하기	①	②	③
4	차려 놓은 음식 먹기	①	②	③
5	누웠다 일어나 방 밖으로 나가기	①	②	③
6	화장실 출입과 대소변 후 닦고 옷 입기	①	②	③
7	대소변 조절하기	①	②	③
8	몸단장(빗질, 화장, 면도, 손발톱 깎기)	①	②	③
9	집안일(실내 청소, 설거지, 침구 정리, 집안 정리 등)	①	②	③

아파도 액티브 시니어인가?

	항목	완전 자립	부분 도움	완전 도움
10	식사 준비(음식 재료 준비, 요리, 상 차리기)	①	②	③
11	빨래(손/세탁기로 세탁, 널기, 말리기, 개기 포함)	①	②	③
12	제시간에 정해진 양의 약 챙겨 먹기	①	②	③
13	금전 관리(용돈, 통장 관리, 재산 관리)	①	②	③
14	근거리 외출하기(도보)	①	②	③
15	물건 구매 결정, 돈 지불, 거스름돈 받기	①	②	③
16	전화 걸고 받기	①	②	③
17	교통수단 이용하기(대중교통, 자가용)	①	②	③

〈액티브 시니어를 위한 건강 검사지〉는 일상생활 수행 능력(Activities of Daily Living: ADL)과 도구적 일상생활 수행 능력(Instrumental Activities of Daily Living: IADL) 2가지 항목으로 구성된다. 먼저 일상생활수행능력(Activities of Daily Living: ADL)을 10문항으로 측정한 내용은 옷 입기, 세수·양치·머리 감기, 목욕·샤워, 차려 놓은 음식 먹기, 누웠다 일어나 방 밖으로 나가기, 화장실 출입과 대소변 후 닦고 옷 입기, 대소변 조절하기 등 7항목으로 각 문항은 '완전 자립=1점', '부분 도움=2점', '완전 도움=3점'으로 점수가 높을수록 일상생활 수행 능력이 좋지 않다는 것을 의미한다. 도구적 일상생활 수행 능력(Instrumental Activities of Daily Living: IADL) 항목은 몸단장, 집안일, 식사 준비, 빨래, 제시간에 정해진 양의 약 먹기, 금전 관리, 근거리 외출하기, 물건 구매 결정, 지불, 전화 걸고 받기, 교통수단 이용하기 등 10문항이며 3점 척도이다. IADL 점수가 낮을수록 도구적 일상생활 수행 능력이 좋다.

여기서 제시한 17가지가 모두 만족스러워야 액티브 시니어인 것은 아니다. 일정 부분의 도움을 받아서 일상생활에 큰 어려움이 없고, 나머지 활동과 삶의 운영에 큰 문제가 없다면 괜찮다. 몸의 움직임이 원활치 않아 활동성이 떨어지고 모임에 나가지 못한다 해도, 온라인을 이용한 다양한 콘텐츠를 통해 사회와의 만

남을 지속하고 있고 SNS를 통해 안부를 주고받으며 지속적으로 일상이 세상과 접점을 가질 수 있다면 당신은 액티브 시니어이다. 걸음이 불편하면 젊어도 도움을 받으며, 시력이 좋지 않으면 어려도 안경을 쓰고 수술을 받기도 한다. 부족의 영역이 아니라 발견과 확장의 영역이 내 삶에 지배적이라면 당신은 액티브 시니어다. 당신은 액티브 시니어인가?

액티브 시니어의
우울과 행복 진단

"모든 불행 중 최대의 불행은 옛날에 행복했던 것이다."
호라티우스

행복해야 액티브 시니어인가? 행복 강박이라 해도 과언이 아닐 정도로 20세기와 21세기는 인간의 심장을 향한 지속적인 관심과 외침이 이어지고 있다. 행복하지 않으면 마치 세상이 망하기라도 할 것 같지만, 인생을 살아 본 이들은 희노애락이 거미줄처럼 이어져 삶을 떠받치고 있다는 것을 안다.

우울하면 뭔가 큰일이라도 나는 것처럼 언론마다 떠들고 책마다 전문가를 찾으라 말하지만, 사람은 모두 멜랑꼴리한 호르몬과 해피한 호르몬 모두가 분비되는 다감정역동신체를 지녔다. 젊어도 우울하고 늙어도 그럴 수 있으며, 젊어 기뻤다면 나이 들어도 기쁠 수 있다. 다만 지금 자신의 감정을 아는 이들이 얼마나 될까?

기쁘다면 슬퍼질 수 있고, 우울했다가도 다시 활력을 찾을 수 있기 위해 자신의 감정 지표를 아는 것은 의미 있다. 나이가 인생의 지점을 알려 주는 부표라면, 감정은 나의 정서를 보여 주는 부표이다. 나이가 들면 우울해진다는 '신화'(神話)에 살거나 나이 들수록 행복해져야 한다는 '강박'이 한가운데에서 나의 감정 지점을 안다면, 그리고 그 부표가 때로는 떠밀리기도 하고 이리저리 움직이기도 하나 부표의 평균값은 일정하다는 것을 기억하자. 자, 당신의 감정 부표의 위치를 찾아보자(66쪽, 〈액티브 시니어의 우울과 행복감〉).

몇 점이 나왔는가? 당신은 나이 들수록 행복한가 아니면 우울해지는가? 8점 이상이라면 우울감이 없다고 판단하지만, 기분이 무척 나쁜 날 검사를 한다면 8점보다 낮은 점수가 나올 수도 있다. 평지를 걷다가도 넘어지는 날이 있고, 늘 입던 옷이 그날따라 바짓단이 뜯어지기도 하니 말이다. 그런 날이 왔다고 스스로 '나는 우울증인가 봐'라고 말하지는 않는다. 그와 마찬가지로 8점보다 낮은 점수를 낸 날을 중심으로 중대하거나 고통스럽거나 불편한 일이 있었다면 그 점수는 당시의 감정은 보여 줄 수 있으나 당신의 일반적인 정서를 보여 주는 것은 아니다.

반면 15점 만점을 받으면 행복하다 못해 지나치게 기분이 상향

액티브 시니어의 우울과 행복감

지난 일주일간 느낌과 행동에 관한 질문입니다. 질문을 잘 읽고 그렇다면 '예' 그렇지 않다면 '아니요'에 체크하세요. 대답하기 어려운 질문이라면 현재 상태에 가장 가까운 쪽으로 '예' 혹은 '아니요'를 체크하시면 됩니다.

	항목	예	아니요
1	현재의 생활에 대체로 만족한다.		
2	요즘 들어 활동량이나 의욕이 많이 떨어졌다.		
3	자신이 헛되이 살고 있다고 느낀다.		
4	생활이 지루하게 느껴질 때가 많다.		
5	평소에 기분은 상쾌한 편이다.		
6	나에게 불안한 일이 닥칠까 봐 불안하다.		
7	대체로 마음이 즐겁다.		
8	절망적이라는 느낌이 자주 든다.		
9	밖에 나가기 싫고 집에만 있고 싶다.		
10	나는 또래들보다 기억력이 더 나쁘다.		
11	하루하루 살아가는 것이 즐겁다.		
12	내가 쓸모없는 사람으로 느껴진다.		
13	기억력이 좋다.		
14	나에겐 아무런 희망도 없다.		
15	나는 남들보다 처지가 나쁘다.		

⟨액티브 시니어의 우울과 행복감⟩은 SGDS-K(Korean version of short Geriatric Depression Scale)의 자기 보고형 15문항 축약형으로 '예=0점', '아니요=1점'으로 답변하면 된다. 8점 이상인 경우는 우울감이 없다고 판단한다.

되어 있는 조증이 아닌가 생각하게도 된다. 그러나 횡재라도 했다면, 손주라도 봤다면, 우리는 그 이상의 점수도 상상하게 된다. 그만큼 우리의 우울감과 행복감은 절대적인 것이 아니다. '평균적으로 봤을 때 그런 편이다'라는 생각으로 다시 한 번 시도해 보라. 숫자에만 의존하기에는 인생은 너무나 문과(文科)적이다.

세네카가 '인생의 끝자락에서 느끼는 나름의 기쁨'을 말하지 않았나. 이를 보다 현재적인 방식으로 풀어 보자면 《나이 드는 맛》의 저자 존 릴런드의 말처럼 "행복해지고 싶다면 노인처럼 생각하며 살"면 된다. 불확실한 미래를 준비하거나 쓸데없는 염려들에 들볶이느라 현재를 즐기지 못하는 청춘들이 노인들보다 더 불행하다고 느끼는 이유는 바로 거기에 있기 때문이다. 청춘기에 외쳤던 '카르페 디엠', 즉 '지금 이 순간에 충실하라'는 말은 '지금밖에는 없음'을 아는 것이 가장 행복한 지혜라는 말이기도 하다.

다만 '별일 없으면 행복한 것이다'라고 믿거나 '별일이 없어야 행복한 것이다'라고 말할 때, 사람마다 '별일'에 대한 정의가 다르듯, 불안 요소가 제거되었는데도 기분이 호전되지 않고 형편이 나아졌는데도 별 감흥이 없다면 한 번쯤 전문가를 만나 보기를 권한다.

활동량이 많으면
행복한가?

"데이지 꽃은 그것이 드리우는 제 그림자에 의해
아롱지는 이슬방울을 햇빛으로부터 지켜 준다."
윌리엄 워즈워즈

유튜브 라이징 스타 70대 주글(Joogle) 박막례 할머니는 왜 세계적인 미국 기업 구글(Google)의 선다 사장에게 초대되었을까? 박막례 할머니는 133만 명의 높은 충성도를 보이는 구독자를 보유하고 있다. 미국 로이터 통신, 〈워싱턴 포스트〉가 그녀를 보도했고, 세계적인 패션잡지 〈보그〉도 박 할머니의 계 모임 화장과 독보적인 패션 스타일을 조명했다. 왜일까? 남다름과 나이를 넘어서는 패기에 반한 것도 있겠으나, 그녀는 계속 도전한다. 무엇보다 새로운 매체 안에서 박막례 70년 인생에 처음 해보는 일들을 기꺼이 배우고 기쁨으로 수용한다. 그녀는 자주 노인의 선을 넘어 황무지를 뚜벅뚜벅 걸어간다.

그 옛날 광고에서 지붕을 6시간 동안 뛰어다녔다는 배우 전원주 씨처럼, 랜선을 주름잡아 노익장을 청년처럼 뽐내는 박막례 씨는 도전을 통해 인생의 역전을 이루었다. 그녀들의 역전은 개인 역전이 아니라 세상의 역전이 되었다. 이들의 도전적 활동은 마치 생물학적 젊음을 넘어 지평을 향해 달리는 쌍두마차 같다. 아직도 왕성하게 활동하고 있는 그들은 지금도 목마르다.

왕성한 활동을 '액티브', 노년을 '시니어'라 말한다면, 액티브 시니어의 핵심은 활동성일 것이다. 그리고 이러한 활동의 근간은 늘 공동체이다.

1933년 심리학자 알프레드 아들러(Alfred Adler)는 공동체 감각을 가로축으로 하고 활동성을 세로축에 더해 4분면으로 나타낸 바 있다. 이 2가지가 다 높은 사람은 '사회적으로 유용한 사람'이며 이 유형은 가장 건전한 사람들이라고 했다. 두 번째로 공동체 감각이 높으면서 활동성이 낮은 경우인데, 아들러에 의하면 이런 사람은 없다. 공동체 감각이 높으면 저절로 활동이 동반된다고 보았기 때문이다. 세 번째는 공동체 감각이 낮으면서 활동성은 높은 사람들이 있다. 이 사람들은 '주변을 지배하는 사람들'로 상대보다는 자신을 중심으로 한 활동을 많이 하나 주변 사람들이

　　　　　　　　　　　　　　　　　　　활동량이 많으면 행복한가?

하나둘 떠나가기에 삶이 결코 순탄하지 않다. 마지막으로 공동체 감각과 활동성 모두가 낮은 사람이다. 이는 '약탈자' 그룹이거나 '도망자' 그룹이다. 즉 다른 사람이 자신을 위해 뭔가를 해주는 것을 당연한 것으로 여기고 감사할 줄도 모르는 사람이다. 자신을 돕지 않는 사람은 적으로 생각하고 몹시 화를 내기에 대인관계라고 할 만한 사람이 남아나질 않는다. '도망자'는 인간관계를 귀찮게 여기고 꽁꽁 숨어 사는 은둔자 유형이다. 아들러의 이야기를 종합해 보면, 공동체 감각은 활동성을 동반하며 이는 행복감으로 이어진다.

일을 안 하고 사람들 속에 들어가지 않으면 인간관계에 실패할 일도 없다. 아들러 식으로 말하자면, '이런 사람들의 인생은 완전하지만 최악'이며, 내 식으로 말하자면, '이런 사람들 인생은 완전하다고 착각하지만 늘 공허하며 자주 불행하다'.

공동체 감각이란 말은 아들러의 개념인데, 인간이 무리를 짓고 관계하고자 하는 이유는 인간의 나약함과 열등감 때문이라고 설명한다. 마치 협력하여 사냥하듯, 협력관계를 통해 생존 가능성을 높이는 과정에서 나타나는 공동체 감각은 본능과도 같은 것이다. 살아 있는 모든 인간은 움직이며 사회적 움직임은 대부분 공동체 안에서 이루어진다. 그렇게 개인도 생존한다.

액티브 시니어의 활동 행복감 검사지

다음 문항들을 읽고 해당하는 부분에 체크하세요.

	항목	전혀 아니다	약간 아니다	보통 이다	약간 그렇다	매우 그렇다
1	나는 집에 있는 것보다 밖에 나가 활동하는 것이 더 즐겁다.					
2	나는 사회 활동을 하지 않으면 시간 낭비를 하는 것처럼 느껴진다.					
3	사회 참여를 통해 알게 된 사람들은 나의 남은 인생에 도움을 준다.					
4	사회 참여를 통해 많은 사람들을 알게 되었다.					
5	사회 활동을 하면 삶이 즐거워진다.					
6	나에게 사회 참여는 인생의 활력소가 되어 삶에 의욕을 준다.					
7	사회 참여는 다른 사람들과의 관계를 유지시켜 준다.					
8	사회 참여를 통해 삶의 지루함이 줄었다.					
9	나는 밖에 나갈 생각만 해도 즐거워진다.					
10	사회 참여를 통해 가족과의 관계가 좋아졌다.					
11	사회 활동을 하면 하루가 보람되게 느껴진다.					

〈액티브 시니어의 활동 행복감 검사지〉는 Mangen & Peterson이 개발한 척도를 전지윤이 번역한 내용으로 '전혀 아니다=1점', '약간 아니다=2점', '보통이다=3점', '약간 그렇다=4점', '매우 그렇다=5점'으로 5–55점 구간이며, 점수가 높을수록 사회 참여에 긍정적인 태도를 가지고 있는 것으로 해석한다.

물론 활동성이 낮으나 행복감이 낮지 않은 사람들도 있다. 그러나 활동은 생존을 넘어 자기표현이자, 무리와 망(network)을 형성하며 소속을 부여하는 과정이다. 활동을 통하여 공동체 감각을 발굴하게 되는데, 이는 공동체원에게 나의 나약함을 고백하고 안전지대로의 수용을 허락해 달라는 일련의 의지를 표명하는 과정이다. 그리고 대부분의 사회는 수용적이다. 공동체의 크기가 서로 다를 수 있고, 공동체원의 특성이 상이할 수 있어도 모든 움직임은 자력처럼 공동체를 구성하고 공동체에 달라붙는다.

당신은
유연한 액티브 시니어인가?

"잠이 들자 나는 인생은 행복한 것이라는 꿈을 꾸었다.
깨어나자 나는 인생이 봉사라는 것을 알았다.
나는 봉사했고 봉사하는 삶 속에 행복이 있음을 알게 되었다."
타고르

1998년 하버드 대학교 의과대학에서 '수명 연장의 비밀'을 풀기 위한 실험을 시행했다. 선한 행동이 과연 수명을 연장할 수 있는가에 대한 것, 더 나아가 선행을 보는 것이 몸에 어떠한 변화를 가져오는가를 알아보기 위한 실험이었다. 사람의 침에는 면역글로불린 A(IgA) 항체가 있는데 일반적으로 걱정이나 스트레스 상태가 지속되면 침이 마르며 항체마저 줄어든다. 연구팀은 하버드 대학생 132명의 항체 수치를 확인한 후 인도 콜카타에서 환자들을 돌보는 '가난한 자들의 어머니' 테레사 수녀의 다큐멘터리 영화를 보여 주었다. 학생들은 그녀가 버려지고 깡마른 아기를 돌보는 이 영화를 보고 놀랍게도 면역항체 수치가 50퍼센트나 증가했다. 선한 행동을 직접 하지 않고 보거나 생각하는 것만으로도 면역력이 높아짐이 확인된 것이다. 이것이 '마더 테레사 효과'이다. 다음은 마더 테레사의 〈그래도 사랑하라〉라는 시이다.

사람들은 때로 믿을 수 없고,
앞뒤가 맞지 않고, 자기중심적이다.
그래도 그들을 용서하라.

당신이 친절을 베풀면
사람들은 당신에게 숨은 의도가 있다고
비난할 것이다.
그래도 친절을 베풀라.

당신이 어떤 일에 성공하면
몇 명의 가짜 친구와
몇 명의 진짜 적을 갖게 될 것이다.
그래도 성공하라.

당신이 정직하고 솔직하면
상처받기 쉬울 것이다.
그래도 정직하고 솔직하라.

오늘 당신이 하는 좋은 일이
내일이면 잊혀질 것이다.
그래도 좋은 일을 하라.

위대한 생각을 갖고 있는 가장 위대한
사람일지라도 가장 작은 생각을 가진
작은 사람들의 총에 쓰러질 수 있다.
그래도 위대한 생각을 하라.

사람들은 약자에게 동정을 베풀면서도
강자만을 따른다.
그래도 소수의 약자를 위해 싸우라.

당신이 몇 년을 걸려 세운 것이
하룻밤 사이에 무너질 수도 있다.
그래도 다시 일으켜 세우라.

당신이 마음의 평화와 행복을 발견하면
사람들은 질투를 느낄 것이다.
그래도 평화롭고 행복하라.

당신이 가진 최고의 것을 세상과 나누라.
언제나 부족해 보일지라도,
그래도 최고의 것을 세상에 주라.

이 시는 마치 나이 들어 가는 세상의 어른들에게 하는 조언 같다. 최고의 것을 세상에 주는 한 과정으로서 노년의 사회적 활동은 늘 의미 있다.

실제 노인의 사회 참여 활동은 적응 유연성을 높이고, 스트레스 극복을 돕고 행복감을 높인다. 적응 유연성(resilience, 복원력 혹은 회복탄력성)이란 외부 압력에 의해 변형된 물체가 이전의 형태나 모양, 크기로 돌아가는 능력 혹은 그 유연성을 말한다. 적응 유연성이란 특정한 어떤 시점이나 특성에 한정되는 것이 아니라 시간 흐름에 따라 개인과 개인을 둘러싼 환경과의 상호작용을 통해 이루어지는 복합적인 결과물이다. 모든 인간은 적응 유연성에 대한 잠재적 능력을 가지고 있고, 전 생애에 걸쳐 환경과 상호작용하며 삶의 여러 영역에서 역동적이고 다차원적인 적응 유연성을 구성하고 발휘한다. 따라서 노년기 적응 유연성은 단순히 타고난 능력이나 성격을 넘어 환경과의 상호작용을 통해 어려움이나 고난을 이겨 내고 삶을 재구성하는 개인적 능력이다.

사회 참여 활동이란 단순한 개인적 움직임을 넘어 사회 문제에 관심을 가지고 그 일에 자신의 의견을 피력하거나 관련된 행동을 시행하는 모든 활동을 말한다. 따라서 개인적이기보다 사회적이며, 사익적이기보다 공익적이다. 정치, 경제, 사회적 목적을 달성하기 위한 적극적인 활동과 참여를 포함하며 공동의 이익을 실현하기 위해 사회 집단의 요구를 기꺼이 표현하고 사회적 운동에 참여한다. 사회 참여 활동을 하는 사람들은 대부분 다른 사람들과 적극적으로 상호 교류하며 해당 교류 과정에서 요구되는 일정한 규칙이나 규율에 충실하다. 지역사회에서 지위를 획득할 뿐 아니라 지속적으로 사회 변화를 위한 집합적 노력을 한다. 사회 참여 활동은 직업 활동, 문화 활동, 여가 활동, 기부, 종교 활동, 정당 활동, 자원봉사, 사회개혁운동 참여 등을 포괄한다.

성공적 노화의 핵심이론 중 하나인 로와 칸(Rowe & Khan)의 주장에 따르면, 질병과 장애를 예방하고 신체적 인지적 활동을 강화하며 무엇보다 적극적 사회 활동 참여를 통해 생산적 활동과 활기찬 인간관계를 증진시킬 때 성공적 노화는 가능해진다. 이 역시 다분히 사회 참여 활동에 방점을 두고 있다.

액티브 시니어의 사회 참여 검사지

최근 1년간의 활동에 관한 질문입니다. 참여 여부를 해당하는 칸에 체크하세요.

	항목	참여	불참
1	모임이나 단체 활동을 한다(친목회, 동창회, 향우회, 동호회, 계 등).		
2	여가 활동을 한다(취미, 등산, 노래, 정원 가꾸기, 유튜브 등).		
3	학습 활동을 한다(노인 교실, 평생교육프로그램, 사이버대 등).		
4	정당 활동 등 정치 활동을 한다.		
5	기독교나 불교와 같은 종교 활동을 한다.		
6	자원봉사 활동을 한다.		
7	경제 활동을 한다.		

〈액티브 시니어의 사회 참여 검사지〉는 각 활동에 직접 참여하는지 여부를 친목 중심의 모임, 학습 활동, 정치 활동, 종교 활동, 자원봉사 활동, 경제 활동으로 나누어 표기하게 되어 있고, '참여=1점', '불참=0점'으로 합산 후 점수가 높을수록 사회 참여 빈도가 높은 것을 말한다.

사회 참여는 1가지 이상이어도 되며 욕구에 따라 여러 개의 사회적 활동을 동시에 진행할 수도 있다. 체력과 감정력과 여력을 갖추고 있다 해도 자신의 흥미와 한계를 잘 알고 조절할 때 사회적 참여는 삶의 만족으로 이어진다.

1부

1 윌리엄 새들러의 마흔 이후 30년 '핫 에이지'와 '서드 에이지' 시리즈는 노년의 삶과 정의의 지평을 새로이 보여 주었다. 노년에 대한 관심을 넘어 시대를 보여 주는 윌리엄 새들러의 글은 정독해 보기를 권한다. 윌리엄 새들러(2006), 《핫 에이지, 마흔 이후 30년》, 《서드 에이지, 마흔 이후 30년》, 사이.

2 영미권에서 'elderly market' 혹은 'mature market'이라고 부르고 있는 'silver market'은 본래 'silver industry', 즉 은광산업이라는 뜻이었지만, 노인을 대상으로 하는 산업으로 이해되면서 우리나라에서는 여전히 '실버산업'이라는 표현이 사용되고 있다. 관련하여는 권중돈의 책을 참고하라. 권중돈(2004), 《노인복지론》, 학지사.

3 백세시대, 2015년 4월 10일자, http://www.100ssd.co.kr

4 뉴가튼의 연령 구분과 연령에 따른 특성은 다음의 책에서 자세히 볼 수 있다. 이호선(2012), 《노인상담》, 학지사.

5 아웃도어 소비 증가는 액티브 시니어들의 활동성을 예측하는 주요 지표가 될 수 있다. 액티브 시니어들의 소비와 관련한 삼성패션연구자료는 다음을 보라. 삼성디자인넷, "2015년 복종별 전망 및 대응전략", http://www.samsungdesign.net/Market/MarketReport 에서 검색.

6 성영신·이진용·유창조·박은아·백인기·신은희(2013), "소비 활동이 행복에 기여할 수 있을까? 소비 유형별 소비 활동, 소비 행복, 삶의 행복의 관계에 대한 연구", 〈마케팅 연구〉 vol. 26, no. 6, 185-218.

7 이동민·이지연(2014), "액티브 시니어의 사회 참여 기회 확대를 위한 서비스 디자인에 관한 연구", 〈디자인지식저널〉, vol. 31, 185-193.

02

뇌가 늙으며 생기는 일들:
나이 들며 머리가 나빠지는 이유

기억력은
도대체 왜 떨어지나?

"기억력이 좋지 않은 사람은 거짓말을 해서는 안 된다."
미셸 드 몽테뉴

정말 지독하게 기억이 안 난다! 시간이 지날수록 나아지기는 커녕, 이제는 그러려니 하고 살아가고 있다. 다들 그렇다지만 다른 사람들이 더하다고 반드시 위로가 되는 것만은 아니다. 뇌의 막간에 먹지를 댄 것처럼, 레테의 강물을 마신 것처럼 잊고 또 잊는다. 알지만 걱정되는 이 현상은 세월의 칼날일까, 신의 선물일까?

인간은 성장과 더불어 인지기능이 발달하면서, 필요할 때마다 과거의 경험 등 각종 정보를 자신의 기억 저장소에서 불러낸다.

그러나 나이가 들면서 점차 기억 소환 능력이 떨어지고 마침내 기억이 있었는지도 기억하지 못하게 되기도 한다. 갑자기 걸려 온 전화를 받다가 자판기 커피를 그냥 놓고 가기도 하고, 가스 불을 잠갔는지 몇 번을 들락거리고, 방금 둔 물건을 어디에 놓았는지 몰라 찾아 헤맨다. 만난 사람 이름을 기억하지 못해 쩔쩔 매기도 하고, 단어가 생각나지 않아 한두 마디면 될 일을 수십 개의 문장으로 둘러대기도 한다. 도대체 내 머리에 무슨 일이 생긴 걸까?

일반적으로 '건망증'은 양성 건망증을 의미하며, 금방 잊어버리거나 드문드문 기억나거나, 어떤 특정한 일들을 전혀 기억하지 못하는 증상을 말한다. 그러나 양성 기억은 기억을 소환하느라 일시적으로 뇌에 과부하가 생겨 기억 반응 속도가 느려지거나 저장된 기억을 끄집어내는 능력에 잠시 문제가 생긴 것으로, 이미 저장되어 있는 기억이기 때문에 힌트를 주면 기억해 낼 수 있는 게 특징이다. 불안하거나 우울감이 있는 경우, 지나치게 정보가 많이 요청된 경우, 심한 스트레스가 있는 경우에는 대부분 일시적인 기억 저하가 일어날 수 있다. 이는 기억력의 문제라기보다는 집중력의 문제이며 환경요인 때문이다. 이런 경우 인지기능 검사를 해보면 대부분 정상 소견이다.

그래도 기억이 '예전 같지 않다', '기억이 가물가물하다'고 하는 사람들이 많다. 기억력은 왜 예전만 못할까? 태엽 시계처럼 태엽

기억력은 도대체 왜 떨어지나?

므네모시네, 나의 기억의 여신이여!: 건망증 용어의 유래

놀랍게도 건망증과 기억은 한 몸이다. 건망증을 의미하는 영어 '앰니저'(amnesia)는 부정을 의미하는 접두어 'a'와 기억을 뜻하는 'mne'에 상태를 나타내는 어미 '-ia'의 합체이다. 그리고 기억을 뜻하는 'mne'는 그리스 신화에 나오는 기억의 여신 므네모시네(Mnemosyne)에서 나온 말이다.

므네모시네는 하늘의 신 우라노스와 땅의 여신 가이아 사이에서 태어난 6명의 딸 중 넷째로 태어난 티탄이며, 농경의 신 크로노스의 누나이자 제우스의 고모다. 므네모시네는 조카인 제우스와의 사이에서 근심을 잊게 해주는 음악의 요정인 아홉의 뮤즈(Muses)들을 낳았다. 므네모시네는 하데스에서 기억의 연못을 관장하는 여신으로 이 므네모시네의 물은 레테 강의 물과 반대의 성격을 가져, 죽은 사람이 레테 강의 물을 마시면 환생할 때 전생의 기억을 모두 잃는 반면, 므네모시네의 물을 마시면 전생의 기억이 되살아난다.

흔히 깜박했다가 곧 기억이 나면 므네모시네의 물을 마신 것이라 생각하면 되겠으나, 우리에게는 레테의 강이 가깝고 므네모시네의 우물은 멀다. 곧 이 이름도 잊을 수 있다. 므네……뭐라고 했는데, 뭐였지.

을 감아서 머리를 쓰면 늘 새롭겠지만, 뇌는 요즘 시계처럼 자동이다. 출생 전부터 서서히 형성되어 발달하던 뇌도 나이를 먹으면서 자동이 수동보다 못하게 되기도 한다.

어린 시절을 생각해 보면 첫 페이지부터 마지막 마침표까지 몇 글자 빼고는 기억했고, 그 기억은 아직도 생생한 경우도 있다. 지금 돌아보면 기억이 가장 생생한 시기가 바로 뇌의 성장기였다. 인간의 뇌세포와 두뇌 활동은 대개 16-18세까지 성장하고 활성화된다. 그 이후부터 서서히 기억력이 떨어지기 시작해 30대부터 깜빡깜빡 건망증이 나타난다. 대개 기억력 감퇴는 30대에 들어서면서 서서히 시작되지만 개인차가 있다. 사진 같은 기억력을 가지고 있는 사람이 있는 반면, 뒤돌아서면 방금 본 사람도 헷갈리는 사람도 있다.

기억력 감퇴는 나이 들어 가면서 생기는 자연스러운 현상이라고 생각하지만, 원래 남의 일은 자연스럽고 내 일은 심각하거나 억울하다. 실제 60세가 넘어가면 동서양을 막론하고 기억력의 문제를 걱정한다. 미국인들도 60세 이상의 절반 정도가 자신이 심각한 기억 문제를 가지고 있다고 생각하고 있고, 가장 걱정되는 것이 무엇이냐는 질문에 기억 능력 상실을 꼽고 매우 두려워했다.[1] 이런 염려가 너무나 일반적이고 '당연한 것'이라 말하지만, 노화에 따른 인지기능이 망가지는 건 가장 두려운 미래이다.

도대체 기억력은 왜 떨어지나? 의학적으로 기억력 저하는 뇌 신경세포에 치명적인 '베타아밀로이드'라는 독성 물질이 쌓이면서 시작된다. 베타아밀로이드가 누적되면서 기억력에 영향을 일으키는 시점이 사람마다 다르기 때문에 중년 이후 기억력도 사람마다 제각각인 것이다.

잘 알려졌듯 흡연을 하거나 동물성 지방 중심의 식사 등을 해 뇌혈관이 빨리 좁아지는 사람일수록 기억력 감퇴도 빨리 오게 된다. 이는 혈류를 통해 해마에 영양을 공급하고 독성물질을 비롯한 노폐물이 빠져나가야 하는데, 혈관이 좁아지면 산소 공급을 받지 못하며 뇌세포 수가 감소한다. 그중 단기기억을 장기기억화시키는 해마의 세포가 손상을 입으면 최근에 생긴 일부터 기억이 나지 않게 된다.

특별한 치료가 필요한 것은 아니나, 우울이나 불안 등 사회심리적 요인이 있을 경우나 성격 변화가 동반되는 경우는 검사와 치료가 필요하다. 스트레스나 환경적 원인으로 발생하는 양성 건망증의 경우 다음의 방법을 권한다.

양성 건망증 예방법

1. 단순 건망증을 너무 심각하게 생각하지 마세요. 건망증으로 스트레스를 받으면 더 악화될 수 있습니다.
2. 지나친 스트레스를 받을 때는 적절히 휴식하기.
3. 지나친 무료함에는 독서, 새로운 활동 등 적절한 자극 제공하기.
4. 술과 담배를 줄이고 적절히 운동하기.
5. 메모 습관 들이기.
6. 자주 사용하는 물건은 늘 제자리에 두기.

건망증인가,
인지기능장애인가?

"나는 사람들에게 부끄럽지 않은 인간으로 기억되길 바란다.
 그러나 내가 사랑했던 사람에게는 그저 아름다운 한 여자로 기억되고 싶다."
 그레이스 켈리

한 할머니가 어느 날 동창들이 모두 교가를 잊은 상황에서 혼자 교가를 기억해 불렀다.

"동해물과 백두산이 마르고 닳도록……."

친구들은 모두 자신들이 잊은 교가를 부른 친구를 대단하다며 칭찬했다. 기분 좋게 귀가한 할머니가 할아버지에게 이 자랑을 하자 한번 불러 보라고 한다.

"동해물과 백두산이 마르고 닳도록……."

듣고 있던 할아버지가 고개를 갸우뚱하며 하는 말.

"이상하네 할멈. 우리는 서로 학교가 다른데 왜 교가가 같지?"

'업은 아이 삼 년 찾으면' 치매다. 손에 쥔 마우스를 세 시간 찾아도 그렇다. 모두는 아니어도 대부분 건망증과 치매를 걱정한다. 같은 것 같지만, 노화로 인한 기억력 저하(건망증)와 인지기능장애는 그 원인이 다르다. 건망증은 노화 과정에서 나타나고 뇌의 기억을 담당하는 영역들이 퇴화하거나 각 영역을 연결하는 신경전달물질이 감소해서 생기는 '현상'이다. 반면 인지기능장애는 뇌의 주요 영역이 퇴화하거나 고장이 나면서 생기는 '질환'이다. 만일 구체적인 사물이나 장소, 이름 등을 빨리 떠올리지 못하면 단순 건망증일 가능성이 높다. 대개 단순 건망증은 양성 건망증과 같은 것으로, 말을 시작할 때 "아, 그 뭐더라?" 혹은 "아, 그 뭐지, 거시기, 그!"와 같은 말을 앞에 붙인다. 이것은 말하고자 하는 사건이나 사람 혹은 사물 등의 대략적인 느낌이나 형상은 인지하고 있으나 뇌에서 회상 역할을 담당하는 전두엽이 퇴화해 이미 저장된 기억을 재빨리 되살리지 못해서 생겨난 현상이다. 이때 누군가 "○○시장?"이라며 힌트를 주면 "맞아, 바로 그거!"라며 곧바로 기억해 낸다.

그렇다면 건망증과 인지기능장애의 차이는 무엇일까? 건망증은 한꺼번에 여러 가지 일들을 기억해야 할 때 기억 용량이 상대적으로 부족해 정보를 충분히 처리하지 못하는 현상을 말한다.

건망증과 인지기능장애 차이

건망증	인지기능장애
· 한꺼번에 여러 가지 일들을 기억해야 할 때 기억 용량이 상대적으로 부족해 정보를 충분히 처리 못하는 현상.	· 여러 가지 원인으로 발생한 뇌 손상으로 지능, 학습, 언어 등 고등 정신기능이 떨어지는 치매 등을 포함하는 뇌질환.
· 일상생활에서 사소하고 세세한 부분을 잊는 경우가 많다.	· 일상생활의 한 부분 자체를 잊는 경우가 많다.
· 시간이 지나면 잊어버렸던 부분이 자연스럽게 생각난다.	· 시간이 지나도 잘 기억하지 못하고 힌트를 주어도 기억을 하지 못한다.
· 증상이 급격하게 악화되지 않는다.	· 수개월 혹은 1년 이상이 경과할 때마다 증상이 눈에 띄게 진행된다.
· 일상생활에 큰 지장은 없다.	· 초기에 치료하지 못하면 일상생활에 큰 지장을 준다.
· 주요 원인은 스트레스, 흡연, 짧은 수면, 출산, 잦은 음주 등이다.	· 사소한 일에도 화를 내는 등 성격 변화가 동반된다.

반면, 인지기능장애는 여러 가지 원인으로 발생한 뇌손상으로 지능, 학습, 언어 등 고등정신기능이 떨어지는 치매 등을 포함하는 뇌질환이다.

사건 자체나 사람을 만났던 사실, 심지어 가까운 사람을 전혀 몰라보거나 어떤 상황을 겪은 사실 자체를 까맣게 잊고 기억하지 못하면 인지기능장애를 의심해 볼 수 있다. 인지기능장애가 왜

인지기능장애 주요 증상

1. 과거 자주 쓰던 말을 잊어버려 제때 구사하지 못하고, 말을 이해 못하는 증상(언어능력).

2. 늘 가던 집 혹은 회사에 가는 길을 못 찾거나, 평소 방향 감각이 뛰어나고 길눈이 밝던 사람이 길을 잘 잃어버리는 증상(공간지각력).

3. 전혀 그렇지 않았던 사람이 처음 보는 사람과 마주쳤을 때 당황하며 피하는 등 낯설거나 복잡한 상황을 대처하지 못하는 증상(판단력).

4. 물건값이나 거스름돈을 제대로 세지 못하는 증상(계산력).

발생하는가에 대해 여러 주장이 있지만, 대개 정보를 저장하고 기억력을 담당하는 뇌의 기능 저하 혹은 파괴로 뇌에 정보가 저장되지 않는 데에서 원인을 찾는다. 인지기능장애 여부를 판단하는 방법 중에는 기억력 저하뿐 아니라 동반되는 주요 증상이 있는지 확인해 볼 필요가 있다. '인지기능장애 주요 증상'에 제시된 증상들이 나타난다면 인지기능장애일 가능성이 크다.

노화에 따른 인지기능 감퇴를 두고 학계에서는 '양성노인건망증'(benign senescent forgetfulness), '노화에 의한 기억 저하'(age-associated memoryimpairment), '노화에 의한 인지기능 저하'(age-associated cognitivedecline), '인지 저하는 있지만 치매는 아닌 상태'(cognitive impairment-no dementia, CIND) 같은 용어를 사용하여 왔다. 이 용어는 정상 노화 과정에 수반되는 기억기능 저하부터 치매 전 단계에 해당하는 인지장애까지 포함하는 포괄적인 개념이다. 이 용어는 노화 또는 노인의 인지기능 변화에 국한하여 사용하지만 최근 DSM-5에서 제시한 신경인지장애(neurocognitive disorder, NCD)는 모든 연령에서 다양한 원인에 의해 발생한 후천적인 인지 저하를 의미한다.[2]

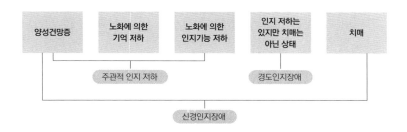

신경인지장애는 인지장애 정도에 따라 치매 개념에 가깝고, 독립적인 일상생활 능력에 지장이 있는 중증신경인지장애(major NCD)와 예전보다 노력과 보완이 좀 더 필요하지만 여전히 독립생활이 가능한 경증신경인지장애(mild NCD)로 분류한다. 경증신경인지장애는 전형적인 경도인지장애의 개념과 같다. 경도인지장애는 정상과 치매를 연결하는 인지기능 연장선에서 중간 단계에 해당하며 기본개념은 '인지기능 감퇴가 예상보다 심하지만 치매라고 할 정도는 아닌 상태'이다. 경도인지장애와 치매의 구분은 인지기능 저하가 기능적인 장애를 초래할 정도로 심한지에 따라 결정된다.

65세 이상 정상인에서 치매 발생이 1, 2퍼센트인 반면, 경도인지장애에서는 10−15퍼센트가량 치매가 생기고 6년간 장기 추적한 결과 80퍼센트가 치매로 진행하였다. 경도인지장애로 진단받을 때는 일상생활능력(ADL)이나 도구일상생활능력(iADL)에 장애가 없는 수준의 인지 저하가 있지만 진행은 정상 노인과 경증 알츠하이머병 환자의 중간에 해당하는 속도로 기능 감퇴가 진행된다.[3]

　그러나 이 책을 읽고 있다면 큰 걱정은 없는 상태라 할 만하니, 너무 걱정 말기를 바란다.

주관적 인지 저하:

치매는 아닌데,
단지 건망증의 문제도 아닌 듯한 이 느낌!

"80세가 될 즈음엔, 우리는 배워야 할 모든 걸 배웠다.
 문제는 그걸 기억할 수 있느냐다."
조지 번스

"옛날엔 내가 천재인 줄 알았어요. 그런데 이제는 제가 바보인 걸 알아요. 머리에 구멍이 난 게 아닌지 가끔 거울을 보며 머리 가르마를 타서 확인해 보곤 해요. 어디에도 구멍이 없어요. 다만 흰머리가 고약한 주범인 것 같아서 검게 물을 들여도 상태는 좋아지지 않아요. 제가 이렇게 될 줄은 몰랐어요. 도무지 기억이 나지 않아요. 자주 멍청해지는 기분이 들어요."

나의 내담자 K가 울먹이며 했던 말이다. 치매 판정을 받은 것도 아니고 뇌는 여전히 건강하다는데 조금씩 심해지는 건망증이 그를 우울하게 만들었다. 일단 K의 증상에 대해 이야기를 나누기 전에 먼저 〈연합뉴스〉 이봉준 기자가 전하는 소식부터 들어 보자.

뭔가를 깜빡깜빡 잊는 건망증에 사람들은 종종 당황하지만 기억력 감퇴는 인류 공통의 일반 현상이라는 연구 결과가 나왔다고 미국 ABC 방송 인터넷판이 23일 보도했다. 더글러스 글래스코 미국 캘리포니아 대학 신경정신과 교수는 "사람에게 문제가 되는 것은 알츠하이머병과 같은 영구적 기억 상실을 가져오는 질병"이라며 이같이 주장했다. 글래스코 교수는 "건망증은 기억의 저장 및 복구 방식과 관련된 것"이라며 "종종 방에 들어간 뒤 왜 들어왔는지를 모르거나 길거리에서 오랜만에 만난 친구의 이름을 기억하지 못하는 것은 전혀 심각한 문제가 아니다"라고 강조했다. 그는 "기억력 감퇴 현상이 반복적으로 나타나거나 나이를 먹으며 악화하면 의학적 평가가 필요하다"면서도 "그러나 이것이 지적 능력이 한계에 이르렀음을 의미하지는 않는다"라고 말했다. 글래스코 교수는 또 "일시적 기억 상실은 우울증이나 약 처방에 의해 나타날 수 있다"면서 "건망증은 기억력의 '상실'이 아닌 '감퇴' 현상이기 때문에 보관되어 있는 기억을 잠시 불러오지 못하는 것뿐"이라고 설명했다. 그는 "나이를 먹으며 기억력이 점차 떨어지는 것은 공통 현상"이라며 "이는 기억력이 뇌에 기록되거나 입력되지 않는 알츠하이머병 환자의 경우와 다르다"고 덧붙였다. 이어 글래스코 교수는 "기억력 쇠퇴는 일반적 노화 현상"이라며 "인디애나 대학 연구 결과 65세 이상 미국인의 4명 중 1명이 기억력을 크게 잃은 것으로 나타났다"고 부연했다.

_〈연합뉴스〉 2004년 11월 25일, "기억력 감퇴는 일반현상"

누구나 그렇다는 건데, 고마운 소식이지만 모두의 이야기가 나의 이야기인 건 아니다. 내게 깜빡깜빡 잊는 일이 잦아지면 건망증만의 문제가 아니라는 생각이 들 때가 있다. 반복적으로 잊고 지나칠 정도로 기억을 못하는 상황이 오면 우리는 바로 그 단어를 떠올린다. '치매!' 그러나 기억력이 약하다고 해서 모두 치매가 아니라는 것을 알 것이다. 그래서 우리는 '경도인지장애'(Mild Cognitive Impairment, MCI)라는 말도 찾아본다. 치매 전구단계(병이 나타나기 전 초기 증상 단계)로 알려진 경도인지장애! 그러나 장애라고 하기에는 일상이 매우 잘 돌아가고 있고 별 문제가 없다면 나의 이 정신 상태는 무엇이라고 해야 할까?

최근 경도인지장애 이전 단계에 대한 연구들이 급증하고 있다. 그리고 이렇게 주관적으로 인지 저하를 호소하지만 객관적인 인지기능 검사에서는 문제가 없는 '주관적 인지 저하'(Subjective

주관적 인지 저하: 치매는 아닌데, 단지 건망증의 문제도 아닌 듯한 이 느낌!

Cognitive Decline, SCD)에 대한 관심이 늘어나고 있다. 주관적 인지 저하란 기억 장애를 주로 호소하며 병원을 내원해 이에 대한 객관적인 인지기능 검사를 받았지만, 검사상으로는 이상이 발견되지 않는 상태를 말한다. 과거에는 이것을 주관적 기억장애(Subjective Memory Impairment, SMI) 혹은 주관적 인지장애(Subjective Cognitive Impairment, SCI)로 일컬었다. 그러나 주관적 '기억장애'의 경우 기억력 문제만 고려하기 때문에 다른 인지기능의 문제를 호소하는 사람들이 누락된다는 문제점이 있고, 주관적 인지장애의 경우에는 장애(impairment)의 개념이 만성적이고 안정적인 특징을 측정하기 때문에 인지 변화의 경과가 반영되지 않는다는 문제점이 있었다. 따라서 주관적 인지 저하는 기억력 이외에 언어 및 집행기능을 포함하여 주관적 기억장애가 기억력만을 평가한다는 문제점을 보완하였다. 또한 저하(Decline)라는 개념을 사용하여 점진적으로 진행하는 인지 변화의 경과를 반영함으로써 주관적 인지장애가 만성적이고 안정적인 인지 특성을 측정한다는 문제점을 보완하였다. 즉, 주관적 인지 저하는 주관적 기억장애와 주관적 인지장애의 개념을 보완하여 확장시킨 개념이지만 근본적으로는 주관적 기억장애나 주관적 인지장애와 같은 의미의 개념이다.[4]

주관적 인지 저하와 기억력 사이에 어떤 관련성이 있는가를 연구한 AMSTEL(Amsterdam Study of the Elderly) 연구는 네덜란드에서 노년층을 대상으로 시행된 지역사회 연구로, 65세부터 85세까지 2,537명의 정상 노인들이 연구에 참가하였다. 연구 결과, 이 중 주관적 인지 저하의 비율은 22.1퍼센트였으며 주관적 기억장애를 호소한 사람들은 그렇지 않은 사람들에 비해 기억력과 관련된 과제에서 낮은 점수를 보였다. 또한 기억장애 클리닉에 방문한 211명의 성인과 노인들을 대상으로 연구한 결과, 객관적인 검사에서 정상 수행을 보인 131명의 노인들 중 7퍼센트에 속하는 9명이 3년 이내에 치매로 진행하였다. 나아가 지역사회에 거주하고 있는 정상 노인 1,168명을 대상으로 주관적 기억 저하 정도를 평가하고 이를 객관적인 과제 수행의 저하와 어떤 관계를 갖는지 살펴보고자 한 LASA(Longitudinal Aging Study Amsterdam) 연구에서도 주관적 기억장애는 3-6년 후 기억해야 하는 과제를 잘 수행하지 못하는 것으로 나타났다.[5] 이러한 연구 결과들은, 주관적으로 기억력 저하를 호소하는 노인들이 현재는 인지기능이 정상 수준에 속하더라도 추후에 인지기능장애가 나타날 가능성이 있다는 걸 보여 준다.

우리나라는 2000년대에 들어서부터 치매 역학 조사 일환으로 지역사회 거주 노인들의 기억장애를 호소하는 비율이 조사된 바 있다. 전남 지역에서 시행된 한 연구에서는 65세 이상 지역사회 거주 정상 노인 686명 중 약 22퍼센트가 기억장애를 호소하였고,

경기도 분당 지역에 거주하는 65세 이상 노인 9,477명을 대상으로 기억장애의 여부를 질문하였을 때는 57.3퍼센트의 상당히 높은 비율로 기억장애가 있음을 보고하였다. 이러한 보고들을 중심으로 우리나라 시니어들의 주관적 기억력에 대한 보고의 결과를 보자면 아래와 같다.[6]

— 주관적 기억 감퇴는 객관적 인지기능 저하보다는 우울증과 더 관계있다!
— 주관적 기억 감퇴를 호소하는 노인의 경우 또래에 비해 실제로 기억장애가 심했다!
— 여성이 남성보다 주관적 기억 감퇴를 더 많이 호소한다!

이야기인즉, 우울감을 느낀다면 깜박깜박 잊을 가능성이 더 높고, 스스로의 기억 능력을 의심하는 사람들의 경우 또래들보다 기억을 잘 못했다. 그리고 여성이 남성보다 기억 감퇴를 더 많이 호소한다. 그 원인이 여러 번의 출산인지, 고된 노동과 더 많은 스트레스인지, 주방 가스 불인지 그 외 요인인지 혹은 복합적인 요인인지 간에 주관적 기억 감퇴에 대한 현상 결과는 관심 있게 볼 필요가 있다.

한 가지 더 관심 있게 볼 것은 유머 감각이다. 영국 유니버시

티 칼리지 런던의 연구팀에 따르면, 유머 감각에 이상이 생기기 시작하는 것은 치매 발병을 예고하는 조기 징후이다. 연구팀은 전두측엽치매를 앓고 있는 48명의 환자 가족을 조사한 결과, 대부분의 환자가 치매 진단을 받기 몇 년 전부터 적절치 못한 상황이나 심지어는 슬픈 상황에서도 웃음을 터트리는 등 유머 감각에 이상을 보이기 시작했다고 답했다고 말했다. 또한 〈저널 오브 알츠하이머〉(Journal of Alzheimer)에 게재된 연구 결과에 따르면, 환자들은 치매 진단 최장 9년 전부터 유머 감각에 이상을 나타냈다.

유머는 무엇보다 의미 있는 창조성의 지표인 만큼, 유머 감각을 잃는다는 것은 인간의 가장 큰 부가가치를 잃는 안타까운 일이자 이후 변화를 자세히 살펴야 하는 질병의 전조이기도 하다.

자, 그렇다면 이 책을 읽고 있는 여러분의 인지기능은 어떠한지 '주관적 인지 저하 질문지'를 활용해 슬며시 점검해 보자.

주관적 인지 저하(SCD)는 본인은 주관적으로 인지기능 저하를 호소하지만 객관적인 인지기능 검사에서는 정상 범주의 수행을 나타낸다. 다만 SCD 집단이 이후 경도인지장애나 알츠하이머 치매(Dementia of the Alzheimer's Type, DAT)로 전환되는 비율이 정상 노인보다 유의하게 높다는 연구 결과들이 보고되면서 이들은 관심 있게 관찰해야 하는 대상이 되었다. SCD 집단은 기억력을 포함한 전반적인 인지기능 수준이 아직 정상 범주에 속하지만, 주관적 인지

주관적 인지 저하 질문지[7]

다음 각 문항들에 대해 지난 '2년 전보다' 더 잘하지 못한다고 생각하면 '예'에 체크하세요.

	항목	예	아니요
1	새로운 전화번호를 외우기가 어렵다.		
2	소지품(열쇠, 핸드폰, 도구 등)이 어디 있는지 찾기 어렵다.		
3	영화의 줄거리를 설명하기 어렵다.		
4	병원 예약 날짜를 기억하기 어렵다.		
5	책의 줄거리를 따라가기 어렵다.		
6	최근에 있었던 가족 행사의 자세한 내용을 기억하기 어렵다.		
7	최근에 있었던 스포츠 경기의 결과를 기억하기 어렵다.		
8	돈(지불한 돈이나 빚)의 액수를 기억하기 어렵다.		
9	대화의 자세한 내용을 기억하기 어렵다.		
10	메모나 일기 등의 방법을 사용하지 않고는 할(한) 일들을 기억하기 어렵다.		
11	최근 뉴스의 자세한 내용을 기억하기 어렵다.		
12	유명 인사의 이름을 기억하기 어렵다.		
13	최근에 만났던 사람의 이름을 기억하기 어렵다.		
14	거리나 도시 이름을 기억하기 어렵다.		
15	대화 중에 말하고 싶은 단어가 생각나지 않는다.		
16	다른 사람이 하는 말을 한 번에 알아듣지 못한다.		

	항목	예	아니요
17	최근에 방문했던 장소의 이름을 기억하기 어렵다.		
18	하고 있는 일에 집중하기 어렵다.		
19	매일 하는 일상적인 일이 아닌 일(여행 등)을 계획하는 것을 잘 못한다.		
20	전자제품(TV 리모컨이나 세탁기 등)을 사용하는 것이 어렵다.		
21	새로운 일이나 다른 일을 시작하기가 어렵다.		
22	대화를 시작하기가 어렵다.		
23	암산을 하기가 어렵다.		
24	당황하지 않고 동시에 여러 가지 일을 하기가 어렵다.		
	합계		

"예=1점"으로 "아니요=0점"으로 계산하여 합계를 내어 보라. 총점은 24점이며 7점 미만은 정상 노인으로 7점 이상인 경우 주관적 인지장애로 본다.

저하를 호소하지 않는 정상 노인보다는 기억 검사에서 유의하게 저조한 수행을 보였고, 집행기능이나 언어기능 검사에서도 낮은 수행을 보였기 때문이다.

위의 '주관적 인지 저하 질문지'(SCD-Q) 검사 결과, 7점 이상이 나왔다면 주관적 인지 저하라고 보며, 7점 이하라면 정상 범주로 볼 수 있다. 다만 최근 우울감이 심했거나 생활스트레스 등 복잡한 생활사건이 있었다면 점수는 높아질 가능성이 있다.

그리고 위로 차원의 연구 결과를 하나 나누자면, 〈뉴런저널〉

〈Journal of Neuron〉에 의하면, 우리가 자꾸 깜빡깜빡하는 것은 그만큼 해마에 중요하고 유용한 정보가 가득하기 때문이며, 그런 사람은 결정적인 순간에 더욱 현명한 판단을 할 수 있는 비상한 능력을 지녔다는 것이다. 이런 맥락에서 건망증은 천재성의 반증일 가능성이 있다고 밝혔다.

기억 신념:
머리가 나빠졌다 믿으면 더 나빠지고,
그 반대도 가능하다!

"훌륭한 기억력을 지닌 사람들의 공통점은 반드시 사물을 주의 깊게
관찰하는 사람이며, 그것에 집중하고 훈련하는 사람이다.
어떤 사물에 대하여 열심히 알려고 하면 할수록 그 사물은 더욱 잘
기억된다. 그것은 진리이다."
데일 카네기

자, 풀어 봅시다. $56 \times 39 = ?$

"머리가 나빠졌나? 이 정도는 아니었는데!" 이틀이 멀다 하고
하는 말이다. 깜빡하고 잊는 것은 그렇다 치고 두 자리 곱셈은 아
예 불가능해졌다. 이 문제를 풀려고 했다면 여러분은 아직 젊다.
이런 문제의 답은 계산기에 있거나 암산으로 풀려면 다음 생애나
가능하다고 생각하고 아예 풀지 않는 순간이 온다. 과거 좔좔 외
우던 그 머리, 줄줄 풀어내던 그 실력은 다 어디로 갔나.

60세 이상 되신 분들 중 젊은이들보다 기억력이 좋다고 자신

한다면 손들어 보시라! 모름지기 많지는 않을 것이다. 그리고 손들지 않았다면 기억에 대한 자기효능감 신념이 낮은 것이다. '자기효능감'은 잘 해낼 수 있다는 신념을 말하는데, 기억에 대한 자기효능감 신념이란 충분히 잘 기억해 낼 수 있다는 자신감 혹은 신념을 말한다. 사실 나이가 들어 가면서 청년이나 중년의 성인보다 기억에 대한 자기효능감 신념이 낮아진다. 반면, 기억 신념과 기억 수행 사이의 관계 강도는 청년들보다 노인들에게서 더 강하게 나타난다. 무슨 말인가 하면, 노인일수록 기억에 대한 자신감은 떨어지나 뭔가를 기억하고자 하는 노력은 더 커진다는 말이다.

그렇다 보니, 나이 들수록 기억을 잘할 수 없다고 믿는 사람들은 타인에게 좀 더 자주 의존하고, 도전적인 과제는 의도적으로 피하려고 한다. 또한 불필요한 의학적 도움도 기꺼이 받고자 하며, 불안이 높고, 상대적으로 노력은 적게 하며, 자신이 가지고 있는 기억 기술도 잘 사용하지 않으려 한다. 이렇다 보니, 머리가 나빠졌다고 믿으면 더 머리가 나빠지게 되고 머리가 좋다고 생각하면 더 기억하려고 하게 된다.

나이가 들어 기억 능력을 향상시키는 것과 연관된 요소들 중 기억 훈련 프로그램을 통해 개입 가능한 것이 바로 기억 신념이다. 노화와 연관된 기억 신념에 관한 연구는 고정관념조사, 통제 신념, 기억 자기효능감을 포함하여 다양한 관점에서 진행되었다.

헤르조그(Hertzog)와 훌취(Hultsch)는 기억 신념을 내현적 신념(implicit beliefs)과 자기참조적 신념(self-referent beliefs)으로 구분하였다. 내현적 신념은 기억의 속성과 기억의 발달 경로에 대해 한 개인이 가지고 있는 비공식적인 생각들이며, 자기참조적 신념은 수행 변화에 영향을 미치는 요인들에 대한 기대를 반영한다. 즉 내현적 신념은 기억력을 높이는 정보, 자기참조적 신념은 이를 수용할 심리적 공간이라 할 만하다. 두 가지 신념 중 어떤 것에 더 많은 초점을 두는가는 연구에 따라 다양하지만 놀랍게도 그 결과는 유사하다. 즉 기억 신념은 기억 기술 사용 능력 감퇴와 기억 통제감 감소와 연관되어 있으며 결국 직·간접적으로 기억 수행에 영향을 미친다는 점이다.

당사자가 가지고 있는 기억 통제감, 즉 나는 언제든 기억하려고 하면 기억해 낼 수 있다는 믿음은 보다 직접적으로 노인의 인지기능과 기억기능 수행에 영향을 준다. 일반적으로 높은 수준의 통제감이나 자기효능감을 가지고 있는 사람은 다양한 일상생활의 과제나 실험실 과제에서 더 나은 수행을 보인다.

반면, 나이가 들면 기억 감퇴가 불가피하고 기억 감퇴를 막거나 변화시키기 위해서 자신이 할 수 있는 일은 아무것도 없다고 믿는다면 아마도 새로운 전략을 시도하거나 학습하기 위한 노력은 전혀 기울이지 않을 것이다. 실제로 노인들은 젊은이들보다 기억에 대한 자기 패배적인 태도를 많이 가지고 있으며 이러한 신념이 시간에 따라 부적응적인 기능을 하는 것으로 알려져 있다.

행동주의 사회심리학자 앨버트 반두라(Albert Bandura)에 의하면, 기억 능력에 대한 자신감이 수행과 관련 있다. 비록 자신감이 낮더라도 자신이 기억을 통제할 수 있다고 믿는 사람들은 나이가 들면서 무력감을 적게 느끼고 의존도도 낮게 나타난다. 이것은 아마도 자신감을 가진 사람들의 특성상 기억 문제도 노력을 통해 극복될 수 있다고 보고 어려움에 직면할 때 적극적인 해결을 위한 행동을 더 많이 하기 때문인 것으로 보인다. 반대로 자신감이 낮고 기억 감퇴를 불가피한 것으로 보는 사람들은 기억 문제가 생길 때마다 타인에게 의존하거나 혹은 무력해질 수 있는데, 그 이유는 기억 문제를 자신이 통제할 수 없는 기능 퇴화의 문제로 보기 때문이다. 그 결과, 수행이 더 저조해지고, 저조해진 수행을 자신의 능력으로 간주하면서 동기는 더 저하되어 점차 기억을 사용해야 하는 과제를 회피하게 된다.

즉 부정적인 신념들은 그 자체로 불안감과 우울감, 동기 부족이나 과제 회피를 유발하며 삶의 질에 부정적인 영향을 미친다. 또한 부정적인 기억 신념을 가지고 있는 사람들은 자신의 기억을 향상시키려는 시도조차 하지 않기 때문에 호전 혹은 발전으로 이어지기 어렵다. 적극적이고 긍정적 기억 신념을 가진 사람들은 자신의 기억 발전을 위해 더욱 노력하게 되는 선순환구조를 갖는다.

긍정적 기억 신념과 더불어 살펴봐야 할 기억을 위한 생활 습관도 점검해 볼 필요가 있다. 아래의 항목들을 체크해 보자.

하루에 3-5시간 수면.	
일할 땐 커피로 각성하기(하루 평균 2-3잔).	
잠들기 직전까지 모니터 앞에서 작업하기 또는 스마트폰 보기.	
잠들기 1시간 전 멜라토닌이나 수면제 2-5그램 먹기.	

이 4가지 중 2가지 이상을 하고 있다면 아무리 긍정적인 기억 신념을 가지고 있어도 소용없다. 몸은 생각보다 더 많은 결과물을 내기 때문이다. 수면제 등을 복용하면 수면 뇌파가 붕괴되어 수면의 질이 떨어지면서 단기 기억상실증을 경험할 수 있다. 그리고 알고 있는가? 수면제로 늘어나는 수면 평균 시간은 겨우 11분뿐이다! 또한 잠이 부족하게 되면 기억 검색의 실패와 저장의 실패가 일어난다. 잘 입력되지도 잘 출력되지도 않는 컴퓨터가 되는 셈이다. 또한 뇌는 빛을 보면 멜라토닌(수면유도호르몬) 생성이 억제된다. 그러니 잘 자고 기억을 촉진하기 위해서는 자기 전에 모니터, 스마트폰을 보기보다 책을 읽는 게 좋겠다. 한 가

지 더! 5-10분 낮잠 역시 인지능력을 현저히 강화하고, 기억력 개선, 생산성 향상을 돕는다. 이 항목들을 긍정적인 기억 신념과 함께 삶 속에 버무려 낸다면 여러분의 중년 이후 기억력 향상에 촉매 역할을 하게 될 것이다.

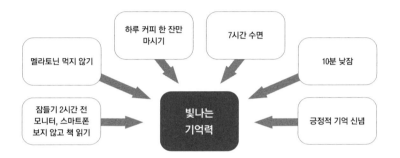

입에서 단어가 맴도는 설단현상:
'예술의 전당'이 '전설의 고향'으로!

"기억을 증진시키는 가장 좋은 약은 감탄하는 것이다."
《탈무드》

지하철 남부터미널 역에서 내린 후 택시를 타고 기사님에게 "전설의 고향 가 주세요!" 하면 어김없이 '예술의 전당'에 데려다준다. 비슷하게 "메리야스 호텔 가 주세요" 하면 택시 기사들은 알아서 '메리어트 호텔'로 간다. 워낙 많은 승객들이 같은 일을 자주 반복하다 보니 근처를 오가는 택시 기사들에게는 상식이 된 지 오래이다. 예술의 전당이 어떻게 전설의 고향이 되고, 메리야스는 어떻게 메리어트로 정정되는 것일까? 어찌 된 일일까?

예술의 전당에서 '예술' 혹은 '전당'은 일상적 용어가 아니고 이

두 단어의 연결 역시 매우 낯선 조합이다. 이때 노년들에게 보다 일상적이고 매주 호러 드라마로 강렬하게 각인되어 온 '전설의 고향'이 '술' 대신 '설'이, '당' 대신 '향'이 대치되고, '전' 자가 일치하면서 예술의 전당과 가장 가까운 단어인 '전설의 고향'이 머릿속에 당첨되어 발화된 것이다. 메리어트란 어려운 발음이 메리야스라는 오랫동안 사용하고 더 익숙한 말로 대치되는 것이다. 의미 자체는 완전히 별개의 것이나, 가장 유사하고 많이 쓰이는 메리야스가 머리와 혀에서 최종 선택된 것이다. 언어학에서 말하는 '기의'(뜻) 없는 '기표'(소리)만으로의 연결'이 발생한 셈이다.

어디 이뿐인가? "어, 그, 저, 그거 있잖아! 그 뭐더라……. 아 그거, 거 뭐라고 하는데!" 설단현상이다. 설단현상은 머릿속에서는 분명히 기억하고 있는데 혀끝에서 도무지 단어들이 나오지 않고 맴돌아 우물쭈물하게 되는 현상을 말한다. 설단현상은 미국 심리학자 윌리엄 제임스(William James)가 처음 제시한 현상으로, 이후 로저 브라운(Roger Brown)과 데이비드 맥닐(David McNeil)에 의해 실험으로 입증되어 정의된 심리 현상이다.

알긴 아는데 특정 단어나 사람 이름이 딱 떠오르지 않아서 "그 있잖아, 거기" 이렇게 머릿속에 떠올리기는 하는데 정확하게 말로 표현하지 못해 얼버무리는 이 답답한 현상은, 많은 경우 일반명사보다는 사람 이름이나 특정 장소, 잘 알던 사물 이름 등 고유명사를 기억하지 못하는 경우로 나타날 때가 많다.

이런 설단현상이 생기는 이유는 대개 정보처리이론 관점에서 설명하는데, 기억을 인출하려는 때에 무엇인가 기억 인출을 방해해서 생긴다는 주장이다. 즉 말을 하려는 그 순간에 누군가를 지나치게 의식한다거나 불안하게 하는 요인이 있어 제대로 말을 하지 못하게 되는 것이다. 이는 나이가 들어 가면서 더 많이 나타난다. 또 다른 주장은 차단 가설이다. 여기서는 노인집단의 설단현상 빈도가 증가하는 이유를 노인들의 단어 지식이 풍부해 표적단어 인출을 방해할 수 있는 잠재적 간섭단어의 수가 더 많아 결과적으로 더 많은 설단현상이 나타날 수 있다는 것과 나이가 들면 무관한 정보의 접근을 억제하는 능력이 감소하기 때문이라고 한다. 말로 표현되는 과정에 음운 마디의 일부 혹은 전부가 활성화되지 않아서 설단현상이 일어난다는 '전달손실가설'도 있다.[8]

실제 일상생활에서 일정한 기간 동안 설단현상이 발생할 때마다 기록하게 했을 때 노인은 청년에 비해 더 많은 설단현상을 보고한다. 한 실험연구에서 100회의 시행 중 평균적으로 노인은 9.6회, 청년은 7.6회의 설단현상을 보고하였으며 많게는 15.95퍼센트 더 높았다.

그러나 설단현상은 건망증과는 다르다. 건망증은 정보에 대한 인출, 즉 기억 자체가 제대로 이루어지지 않는 것에 비해 설단현상은 기억은 분명 있는데 불완전하다는 차이가 있다. 따라서 불완전한 기억을 채울 다른 정보나 힌트가 제공되면 완전한 정보로 기억해 내기도 한다. 또한 설단현상은 말을 더듬는 현상이나 낱말을 틀리게 말하는 말실수와도 다르다. 다만 중년 이상이 되면 혹시 설단현상이 건망증으로 가고, 다시 이 건망증이 치매와 같은 인지장애로 갈까 봐 걱정하는 경우가 있는데, 이러한 설단현상은 누구에게나 있고 이 현상이 인지장애로 이어진다는 연구는 아직 없다.

놀랍게도 기억이 나지 않는 것을 억지로 기억해 내려고 애쓰면 애쓸수록 더욱 기억은 멀어진다. 이렇게 노력하면 노력할수록 풀기는커녕 더 난감해지게 되는 상황을 '노력의 역효과'라고 하는데, 노력이 이렇게 정반대 상황을 만들다 보니 참으로 답답해진다.

설단현상을 줄이는 방법은 없을까? 사실 설단현상은, 단어를 분명히 알거나 힌트라도 주게 되면 기억이 나며 교정도 된다. 긴장을 풀고 편안한 마음을 가지면 불현듯 떠오르게 되는 경우도 많다. 실제 연구에 의하면, 설단현상은 일상생활에서 일주일에 한 번 정도씩 일어나지만 나이가 많아지면서 더욱 자주 일어난다. 특히 아는 사람의 이름을 기억하는 과정에서 많이 발생한다. 이 과정에서 50퍼센트의 사람들은 첫 글자를 기억하거나 추측하며, 절반 정도의 설단현상은 1, 2분 내에 해결된다. 사실 크게 걱정할 것은 아니지만, 그럼에도 이 설단현상을 예방하는 가장 좋은 방법은 '대화'이다. 대화는 대상과 반복적으로 발성을 하며 정보에 대한 추론과 연결된 정보를 나누는 방법이자, 연상 작용을 강화하는 역할을 하는 인지능력 촉진의 장이기 때문이다.

2부

1 McDougall, G. J. (2000). *Memory improvement in assisted living elders*. Issues in Mental Health Nursing, 21(2), 217–233.

2 기억력 저하와 신경인지장애의 포함관계와 그 자세한 경계에 대하여는 다음의 논문을 참고하라. Ganguli M. (2013) *Can the DSM-5 framework enhance the diagnosis of MCI?* Neurology, 81, 2045–2050.

3 경도인지장애에 대한 의학적 분류와 용어 정의에 대해서는 다음의 글을 보라. 오응석·이애영(2016). "경도인지장애". J Korean Neurol Assoc, vol 34. no. 3. 167–175. 이 내용은 168쪽에서 인용.

4 주관적 인지 저하가 우리나라에서는 아직 낯선 개념이나, 최근 이 분야에 대한 연구가 늘어가고 있다. 이에 대한 자세한 내용은 김보혜(2015). "'주관적 인지 저하'의 인지 특성과 기억 책략 유형으로 분류한 하위 유형 구분의 임상적 함의". 한림대학교 대학원 석사학위논문을 참고하라.

5 주관적 인지 저하에 관한 이 멋진 실험 결과에 대해서는 다음의 논문을 참고하라. Dik, M. G., Jonker, C., Comijs, H. C., Bouter, L. M., Twisk, J. W. R., Van Kamp, G. J., & Deeg, D. J. H. (2001). *Memory complaints and APOE-ε4 accelerate cognitive decline in cognitively normal elderly*. Neurology, 57(12), 2217–2222.

6 자세한 국내 기억장애에 대한 자료는 정미숙·오은영·정은영(2019). "경도인지장애 환자의 주관적 기억장애, 우울 및 집행기능이 일상생활 수행 능력에 미치는 영향". 〈재활간호학회지〉. vol 22. no. 1. 15–26을 참고하라.

7 SCD-Q는 인지기능의 감퇴 여부를 주관적으로 평가하는 설문지로, 주관적 인지 저하 여부를 알아보기 위하여 Rami 등이 개발한 설문지를 번안하여 사용하였다. Rami, L., Mollica, M. A., Garcia-Sanchez, C., Saldana, J., Sanchez, B., Sala, I., ···Molinuevo, J. L. (2013). *The Subjective Cognitive Decline Questionnaire(SCD-Q): A Validation study*. Journal of Alzheimer's disease, 41(2), 453–466.

8 우리나라 노인들의 설단현상에 대한 재미있는 연구는 박지윤·이고은·이혜원(2013). "한국어 음운 정보 산출에서 노화의 영향: 청년과 노인의 설단현상". 〈인지과학〉. vol. 24. no. 2. 111–132를 보라.

뇌의 신경가소성:
나이 들어도 머리가 안 나빠지는 이유

중년 이후 뇌기능에 대한 반전 연구:
뇌는 늙지 않는다!

"나이가 드니까 안 노는 게 아니다.
놀지 않기 때문에 나이가 드는 것이다."
조지 버나드 쇼

    1921년 5월, 천재 물리학자로 알려진 알버트 아인슈타인이 미국 보스턴을 방문했을 때의 일이다. 한 기자가 아인슈타인에게 당시 미국에서 구직자 대상으로 유행하던 '에디슨 테스트' 중 하나를 질문했다. "박사님, 음속은 얼마입니까?" 실제 아인슈타인은 소리가 어떻게 전파되는지를 인류에게 알게 해준 물리학자이다. 아인슈타인은 이렇게 답했다. "나는 책에서 쉽게 찾을 수 있는 것은 굳이 기억하고 다니지 않습니다."

    1879년생인 아인슈타인이 이 질문을 받았을 때의 나이는 불과 42세밖에 되지 않았다. 그러나 1900년 미국인의 평균수명이 47세에 불과했던 것을 고려하면(물론 1920년대 말 우리나라 평균수명은 남자 32.4세, 여자 35.1세였지만), 아인슈타인은 꽤 나이가 있는 축이었을 것이다. 늘 늙음 이해는 주관적이고 그 옛날 "점점 머리가 돌이 되어 가나 봐! 아주 굳어 버렸어!" 하는 한탄과 절망이 섞인 이야기는 병원에서만 나오는 건 아니다. 모이면 나오는 얘기이자, 당황스러운 표정으로 머리를 두드리고 있는 중년이나 노년이 있다면 그 사람 입에서 어김없이 나오는 소리이다.

진화론으로 유명한 찰스 다윈(Charles Darwin)은 인간이건 동물이건 정서 자체가 지능을 보여 준다고 했다. 두려움을 느끼면 더 쉽게 도망치듯 정서는 특정 상황에 필요한 행동을 활성화시키는 기능을 한다. 화가 나면 얼굴을 붉히고 찌푸리고 치아를 드러내어 상대방을 위협하듯 정서는 생존을 위해 중요한 기능을 한다. 사람의 경우 자신의 스트레스를 보다 잘 알아채는 사람은 그렇지 않은 사람들보다 부정적인 생각을 덜하는 경향이 있어 자신의 정서를 잘 이해하고 인식하는 사람은 그렇지 않은 사람보다 부정적인 정서에서 더 빠르게 벗어날 수 있다. 그러나 지능의 표식은 역시 인지(認知)다. 동시에 지능과 인지기능 그리고 노화의 관계는 생각보다 매우 복잡하다.

노화 과정에서의 인지기능에 관련된 가장 대표적이고 보편적인 생각들이 있다. 그중 하나는 노화 과정이 보편적이고 확산적이고 결코 돌이킬 수 없는 인지기능 감퇴를 동반한다는 점이다. 보편적이라는 것은 사람이라면 누구나 나이 들면서 인지기능 감퇴를 겪을 수밖에 없음을 말하고, 확산적이라 함은 노화가 인지기능 전반에 부정적인 영향을 미친다는 것을 말한다. '결코 돌이킬 수 없다'는 말은 치료적인 개입을 통해 조금 늦춘다 하더라도 완전히 회복될 수는 없음을 의미한다. 그러나 최근 노화와 인지기능에 관한 여러 연구들은 우리의 이런 '노화에 대한 대표적이고 보편적인' 생각들이 사실이 아님을 보여 주고 있다. 잭스(Zacks)와 하셔(Hasher) 그리고 리(Li)의 말을 들어 보자.

> 노인들은 노화에 의한 정상적인 기억 변화를 호소할 수 있지만 인지기능의 문제는 대부분은 결함이나 손상의 결과가 아니며 기억이 연령에 따라 감퇴하지만 이러한 현상은 노인들이 믿고 있고, 알고 있는 것만큼 그다지 비관적인 것도 아니라는 것이다. 비록 기억기능의 어떤 변화들은 노화에 동반되지만 기억 전반에 걸쳐 광범위한 감퇴나 손상은 나타나지 않으며 평생의 경험과 교육을 통해서 획득한 정보에 대한 기억은 연령에 따라 감퇴되지 않는다.[1]

중년 이후 지능에 대한 가장 유명한 연구는 미국 펜실베이니아 주립대학교 심리학자인 윌리스와 워너샤이의 "시애틀 종단 연구"이다. 이들은 1956년부터 40년이 넘는 기간 동안 무려 6,000명이 넘는 사람들을 대상으로 세월을 따라가며 추적 연구를 실시했다. 이들은 20세에서 90세 사이의 다양한 직업을 가진 남성과 여성 비율을 1대 1로 하여 시애틀에 있는 건강관리 단체에서 무작위로 선별된 사람들로 대상을 정했다. 이들을 대상으로 측정했던 정신 능력의 항목들은 다음과 같았다.

— 어휘: 얼마나 많은 단어를 이해하는가, 그것의 동의어를 얼마나 많이 찾을 수 있는가?

— 언어 기억: 얼마나 많은 단어를 기억할 수 있는가?

— 계산 능력: 사칙연산을 얼마나 빨리할 수 있는가?

— 공간 정향(定向): 어떤 사물이 180도 돌아갔을 때, 그 모습을 얼마나 잘 식별할 수 있는가?

— 지각 속도: 녹색 화살표가 보일 때 얼마나 빨리 단추를 누를 수 있는가?

— 귀납적 추리: 논리 문제를 얼마나 잘 풀 수 있는가?

이 연구 중에는 다양한 연령대를 대상으로 한 복잡한 인지 능력 검사도 포함되어 있었다. 연구 결과, 40-60대까지의 성적이 가장 높았다. 여섯 범주 중 무려 네 범주(어휘, 언어 기억, 공간 정향, 귀납적 추리)에서 젊은이들을 능가했다. 뇌가 최고 수행력에 도달하는 시기는 성별에 따라 달랐다. 남성은 50대 후반에 정점을 찍었고, 여성은 60대에 들어서까지 지속적으로 상승했다. 남성은 공간 정향 검사에서, 여성은 어휘와 언어 기억에서 높은 점수를 받았다.

이 부분은 역대 지능에 대한 연구 중 '결정적 지능' 영역의 힘을 말해 준다. 카텔(Cattell)이 주장하고 혼(Horn)이 보완했던 결정적 지능과 유동적 지능에 대한 내용인데, 중년 이상 사람들의 지능의 아버지라 할 만한 카텔의 지능이론을 먼저 들어 보자. '유동적 지능'(Fluid Intelligence)은 선천적이고 생물학적으로 결정화된 정신 과정을 반영한 능력으로, 비언어적인 지각적 요인과 공간적 요인 등을 포함하며 이미 자신이 획득하고 있는 지식의 양과 관계없이 창의력과 혁신 능력, 인지 능력, 통찰력이 작동한다. 따라서 지능이 높은 사람은 새로운 상황에 대한 적응력이나 새로운 문제를 해결하는 응용력 등이 높다. 유동적 지능은 14세경까지 발달하고 14-20세까지는 안정 상태를 유지하다가 22세 후부터 급격히 감소하는 경향이 있다.

반면 '결정적 지능'(Crystallized Intelligence)은 후천적으로 살아가면서 축적되는 지식이나 경험을 통해 획득된 능력을 말하며 언어적

뇌기능 연령별 수행력

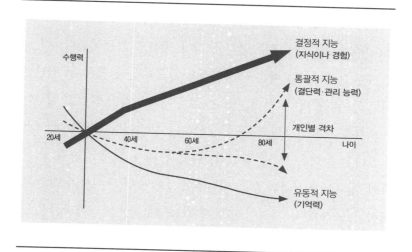

요인, 문제해결력, 논리적 추리력, 일반상식 등이 포함된다. 결정적 지능은 기본적으로는 유동적 지능을 바탕으로 생겨나지만 가정환경과 교육 정도 및 직업 등과 같은 환경적·문화적 영향에 의해 발달한다. 이는 40세까지 발달하고, 환경에 따라서는 노년기까지 지속적으로 발달한다. 즉 성인기에 접어들어 연령이 증가하면서 생리적인 능력이 감퇴하여 유동적 지능은 감퇴하지만, 경험의 증가로 결정적 지능은 증가하는 현상이 발생한다. 카텔은 이러한 현상을 '투자 이론'(investment theory)이라고 불렀다.[2]

이런 이론을 기반으로 하여 중년과 청년의 뇌력(腦力)을 나란히 비교한 미국 일리노이 대학교 심리학자이자 신경과학자 아트 크레이머(Art Kramer)의 연구 결과에 대한 해석도 가능해진다. 즉 항공 교통관제사처럼 빠른 의사결정을 요구하는 일에서 두 집단의 뇌를 들여다봤더니, 처리 속도는 젊은 관제사들이 빨랐고 컴퓨터 스크린을 보고 3차원 모습을 상상하는 능력이나 모호한 정보를 처리하는 능력은 둘 다 같았다. 한편 관제사의 핵심 능력 중 하나인 다른 비행기와의 충돌 피하기에서는 중년 관제사가 젊은 관제사를 능가했다. 이것이 어떻게 가능했을까? 뇌과학자들은 중년에 이르러서야 모든 조각이 하나로 합쳐지고 인생 경험을 훨씬 더 많이 축적했기 때문에, 추상적 능력이나 회상 능력 혹은 상식이나 맥락 이해력이 커진 것으로 분석한다. 인간의 노화에도 불구하고 인간 능력의 영역은 부분의 합이 전체보다 크다.

결정적 지능은 학습이나 경험에 의해 획득되는 후천적 지능이고 언어 능력, 이해력, 통찰력 등이 여기에 속한다. 타고난 유동적 지능은 나이가 들면서 점차 떨어지지만 결정적 지능은 80세 이후에도 향상될 수 있다. 그러니 나이가 들면 계산 속도가 떨어지지만, 계산하는 능력 자체는 학습을 통해 후천적으로 길러진 결정적 지능이기 때문에 나이가 들어도 유지되는 것이다. 결정적 지능을 보라. 뇌는 나이 들면서 부피는 줄지언정 늙지 않는다!

물론 뇌가 늙지 않는다는 점에 반대하는 이들도 있을 것이다. 명백히 뇌는 노화하면서 구조적 변화를 보이며 부피가 감소하고 60세를 전후해서 뇌가 작아지는 현상이 시작되기 때문이다. 뇌의 75퍼센트 정도가 줄어들었을 때 알츠하이머 진단을 내리는 점을 보자면 뇌의 부피가 줄어드는 것은 맞다. 그러나 그동안 신경세포에 대해 알려진 사실은, 뇌는 태어날 때 일정 수의 신경세포를 가지고 있다가 매일 10만여 개 정도의 신경세포를 잃는다는 것이었다. 특히 노화가 기억을 담당하는 해마의 신경세포 생성을 감소시키고 그 결과 인지력 감퇴로 이어진다는 주장이 지배적이었다. 그러나 그것은 반세기 전의 결과일 뿐이다.

불과 한 세기 전만 해도 뇌신경세포가 파괴되면 대체 불가라 믿었다. 그러나 이제는 뇌가 성장기를 지나도 새로운 뉴런이나 신경세포로 성장할 수 있는 엄청난 양의 줄기세포를 가지고 있어 자기 치유 능력이 있음이 밝혀졌다. 예를 들어 동물 실험에서, 쥐들을 무미건조한 우리에서 장난감이 많은 우리로 옮기자 해마에서 새롭게 분화한 세포의 수가 거의 두 배로 늘어난 것이 확인됐다. 사람도 뇌에 흥미로운 자극과 경험을 끊임없이 부여함으로써 이와 같은 효과를 얻을 수 있다. 이미 인간을 대상으로 한 일부 실험에서는 평생에 걸쳐 지적 활동을 계속하면 노년의 인식 능력 저하를 막을 수 있다는 사실이 분명해졌다. 최근 진행 중인

한 연구에서는 신문 읽기 같은 활동을 일상적으로 계속하는 사람이나 지적 자극을 받는 일에 종사하는 사람은 노년에 인지기능의 하락을 경험할 가능성이 적다는 사실이 증명되었다. 바로 신경가소성 때문이다.[3]

뇌는 일생 동안 개인의 경험과 외부자극 그리고 환경 변화에 대응하며 끊임없이 구조기능적인 변화를 보이는데, 이러한 현상을 '신경가소성'(neural plasticity)이라고 한다. 구체적으로 뇌 신경가소성은 경험, 학습, 교육, 또는 손상이 일어났을 때 기존 신경계가 가지고 있던 피질 구조와 기능을 변화시키는 중추신경계의 역량을 말하며 오랫동안 많은 연구자들은 발달단계에서 일어나는 뇌의 기능적 변화와 구조적 재조직화에 따른 변화의 원인을 밝히는 데 많은 성과를 이루어 왔다.[4]

실제 미국 보스턴에 위치한 매사추세츠 병원의 유전자 연구센터 로라 저민 박사팀은 IQ, 기억력, 퍼즐 조각 맞추기, 시각기능 등 종합적 인지기능에 대한 온라인 테스트를 치른 48,500명의 결과를 바탕으로 특정 뇌 기능이 어느 때 가장 좋은 성향을 보이는지를 분석·연구했다. 연구진의 분석 결과에 따르면 평균적으로 18, 19세에 생각을 빠르게 해냈고, 단기 기억력이 가장 좋을 때는 25세, 사람들의 감정 상태를 잘 파악하는 능력은 40-50대에 가장 돋보였다. 더 나이 든 노인들에게선 전반적인 지식에 대한 이해도가 높았다. 그리고 정보나 기술, 학습과 관찰을 통해 사물을 이해하는 '결정적 지능'은 60-70대가 되기까지 절정인 때는 따로 없이 꾸준히 유지되었다.[5]

중년 이후가 가장 지혜롭다고 강변하는 미국 케임브리지 대학교 해부학자인 데이비드 베인브리지(David Bainbridge)의 과감한 제안을 즐겨 보라.

> 우리는 중년에야 비로소 신을 닮은 지혜와 이성과 기억력을 갖는다. ……간단히 말해 중년의 뇌는 인지력의 절정에 도달하며, 그 위업을 바라보는 견해가 '정점에서의 도취'일지, '서서 하는 고민'일지, '기만적 고원'일지는 아마 당사자가 낙관주의자인지 비관주의자인지에 따라 달라질 것이다. 그러나 한 가지는 분명하다. 유전적 발생과 관련한 '생명의 시계'는 여전히 중년기 뇌 안에서 째깍거리면서, 사고 과정을 과감히 재구성하여 5, 60대에 잘 통하는 새로운 방식을 개발하게끔 뇌를 자극하고 부추긴다는 점이다. ……그러나 이제 우리에겐 더 최근의 연구 결과들이 있고 그 내용은 명쾌하다. 중년은 다른 누구보다도 '잘 생각하는' 경우가 많다는 것이다. 그러나 눈가 주름 따윈 잊어버리고 중년 인간의 뇌가 우주에서 가장 강력하고 융통성 있는 생각 기계란 사실을 마음껏 즐겨라![6]

케임브리지 대학교의 유명한 임상수의과 해부학자로 승승장구하던 그는 모두가 서는 인생의 그 지점, 중년의 자리에 잠시 서게 되었다. 중년기 자신의 변화를 고민하던 베인브리지 박사는 거울 속에 비친 자신의 모습에 순간 숨이 멎었다. 갑자기 희어지는 머리카락과 흐려지는 시력, 전과 같지 않은 기억력을 걱정하다, '아, 이제 나는 인간으로서 생산적인 삶은 끝난 것인가?'라는 질문을, 자신의 전공을 살려 과학적인 탐구로 풀어내기 시작했다. 신경과학, 생식생물학, 심리학, 인류학 등 뒤질 수 있는 모든 자료를 뒤져 가며 중년의 신체, 정신, 정서, 관계를 다차원적으로 탐색하며, 다른 생물종에서는 찾을 수 없는 인간만의 독특한 중년 삶에 대한 놀라운 결과를 얻게 되었다. 즉, 수천 년에 걸친 자연 선택 결과 중년 인간은 사그라드는 과정이 아니라 매우 독특하고 창조적인 생명체가 되었고, 신체적 노화로 삶의 무대에서 퇴장당하는 존재가 아니라 사회적, 육체적, 정신적, 성적 세계가 새로워지는 특별한 삶의 영역으로 들어선다는 것이다. 베인브리지에 따르면, 숲을 조망하는 인생의 시기, 중년 이후 시기에 인간은 새로운 땅의 지도를 만들어 간다.

그릿 지수:
나이가 들수록 그릿은 올라간다!

"나는 내가 특별한 존재임을 믿는다. 나의 특별한 재능은 나의 비전과
나의 헌신, 그리고 무슨 일이 있어도 실행하는 나의 자발성이다."
앤서니 로빈스

　　그린(Green) 아니고 그릿(Grit)! 그릿 지수를 들어 봤는가? 낯설어
하는 분이 많겠으나, 2015년과 2016년 미국 대통령 버락 오바마
의 신년연설에도 거듭 사용된 단어로 유명하다. 그릿이란 자신이
중요하게 여기는 일을 끝까지 해내는 능력, 열정적 끈기를 말한다.
펜실베이니아 심리학과 교수 앤절라 더크워스(Angela Lee Duckworth)
는 자신의 책 《그릿》에서 그릿을 "목표를 달성하는 과정에서 실패,
역경, (진보가 없는 상태가 지속되는) 고원현상에도 불구하고 끊임없이 노
력과 관심을 유지하며 열심히 도전하는 것"이라 말한다.[7]

2007년에 심리학계에 '그릿' 개념을 처음 소개한 더크워스 교수는 세계적인 경영컨설팅 회사 맥킨지 앤 컴퍼니에서 컨설턴트로 일을 하다. 컨설턴트보다는 교사가 자신에게 맞는 일이라 생각하고는 바로 고액 연봉의 자리를 박차고 나와 박봉의 공립학교 수학교사가 되었다. 막상 교사로 일을 하다 보니, 소위 머리 좋은 학생들 중 일부가 예상외로 저조한 성적을 거두고 높은 학업 성적을 보이는 학생 중 상당수가 소위 '머리 나쁜' 아이들이라는 것을 보게 된다. 또한 인생이 성적순이 아니라는 여러 사례들을 확인한 후 인생의 진정한 성공에는 재능이나 성적보다 더 중요한 무언가가 작용한다는 사실에 착안했다. 그 핵심 요소를 알아내기 위해 장기 연구를 시작하여 악명 높은 미 육군사관학교 신입생 훈련 과정에서 중도 탈락자와 최후 체류자를 연구하고, 문제아들만 있는 학교에 배정된 초임 교사들 중 교사 업무를 지속하는 이들, 거절이 일상인 영업직에서 좋은 실적을 내는 영업사원을 연구하면서 그 모든 성공의 한가운데에 '그릿'이 있음을 밝혀 냈다.

연구 초기 직장인들의 업무 적응을 위한 척도로 개발되었던 이 '그릿'은 사람의 주요 특징을 잘 반영한다. 더크워스는 기업 구성원들이 조직에 지속적으로 머무를지를 결정하는 요인이 어떤 것인가를 살피는 과정에 그릿을 활용한다. 직무상 거절당하는 일이 많은 리조트 회사 영업사원 442명을 대상으로 그릿을 실시한 결과, 전체적으로 그릿 점수가 높을수록 장기적으로 직장에 머무를 가능성이 높다는 것을 확인했다. 반면 그릿 수준이 낮을수록 흥미나 관심사가 자주 변경되고 이에 따라 목표에 대한 지속적인 노력이 어렵고 비교적 달성하기 쉬운 목표로 대체하거나 빠르게 포기했다.

탈러와 코발(Thaler & Koval, 2015)은 그릿을 근성(Guts), 회복탄력성(Resilience), 진취성(Initiative), 끈기(Tenacity)의 앞 글자를 따 설명하였다. 먼저 근성은 사람에게 예측된 위험을 감수할 만한 자신감을 주고 용기를 가질 수 있도록 하는 것이며 눈앞에 당장 승리가 보이지 않더라도 자신의 의도는 성취를 꾸준히 향하는 것을 말한다. 두 번째 회복탄력성은 실패를 겪은 후에도 다시 빠르게 회복해 원래 상태로 돌아오는 것을 말한다. 진취성은 자발적인 시작을 의미하는 것으로 그릿에 동력을 제공하여 사람의 동기를 활성화하는 능력이다. 마지막으로 끈기는 목표를 향한 집중력을 유지하는 끈질긴 힘과 능력을 말하는데, 이 끈기야말로 그릿과 연관된 가장 두드러진 특징이다.

더크워스 교수는 그릿 측정 도구를 개발했는데, 열정과 끈기 2가지 구성 요소를 포함하고 있다. '나는 몇 개월 이상 걸리는 일에 계속 집중하기 힘들다', '나의 관심사는 해마다 바뀐다', '나는 어떤 아이디어나 프로젝트에 잠시 사로잡혔다가 얼마 후 관심을 잃은 적이 있다'와 같은 열정 관련 질문이 5개, '나는 실패해도 실망하지 않는다', '나는 뭐든 시작한 일은 반드시 끝낸다', '나는 성실하다. 나는 결코 포기하지 않는다'와 같은 끈기 관련 질문 5개로 구성되어 있다.

총 10문항 점수를 합하고, 이것을 다시 10으로 나누면 총 그릿 점수가 나온다. 그리고 각 해당 영역의 점수를 더한 후 5로 나누면 요소별 점수가 나온다. 단, 질문에 응답할 때 각 질문들은 너무 오래 생각하지 말고 생각나는 대로 바로바로 답하는 것이 좋다. 판단 기준을 주변 지인이나 가족 혹은 탁월한 멘토 등으로 설정하고 이들과 비교하여 자신을 평가해 답을 적지 않도록 해야 한다. 그릿 검사지를 활용해 검사를 시작해 보라.

어떤 결과가 나왔는가? 점수가 낮게 나왔더라도 염려하지 말기를 바란다. 더크워스에 따르면, 우리는 나이가 들수록 그릿 점수가 점점 높아지니 말이다. 그렇다면 그릿이 높은 사람들은 어떤 특징을 가지고 있을까?

더크워스에 따르면, 그릿이 높고 성숙한 수준에 도달한 사람들에게 전형적인 4가지 심리적 자산이 있다고 말한다. 관심, 연습, 목적, 희망이 그것이다. 먼저 높은 수준의 그릿을 가진 사람은 지속적 관심과 흥미가 있다. 자신의 일을 즐기고 일에 몰두하

그릿 검사지

※ 다음의 질문은 당신의 '열정적 끈기'(그릿)에 대한 문항들입니다. 각 문항들을 읽고 '매우 그렇다', '약간 그렇다', '보통이다', '약간 아니다', '전혀 아니다' 중 골라 체크하세요. 질문에 응답할 때 각 질문들은 너무 오래 생각하지 말고 생각나는 대로 바로바로 답하는 것이 좋습니다. 판단 기준을 주변 지인이나 가족 혹은 탁월한 멘토 등으로 설정하고 이들과 비교하여 자신을 평가해 답을 적지 않도록 해주세요.

번호	문항	전혀 아니다	약간 아니다	보통이다	약간 그렇다	매우 그렇다
1	나는 새로운 아이디어와 프로젝트 때문에 이전에 하던 일에 소홀해진 적이 있다.	①	②	③	④	⑤
2	나는 한 가지 목표를 세워 놓고 다른 목표를 추구한 적이 종종 있다.	①	②	③	④	⑤
3	나는 몇 개월 이상 걸리는 일에 계속 집중하기 힘들다.	①	②	③	④	⑤
4	나의 관심사는 해마다 바뀐다.	①	②	③	④	⑤
5	나는 어떤 아이디어나 프로젝트에 잠시 사로잡혔다가 얼마 후 관심을 잃은 적이 있다.	①	②	③	④	⑤
6	나는 실패해도 실망하지 않는다.	①	②	③	④	⑤
7	나는 노력가이다.	①	②	③	④	⑤
8	나는 뭐든 시작한 일은 반드시 끝낸다.	①	②	③	④	⑤
9	나는 성실하다. 결코 포기하지 않는다.	①	②	③	④	⑤
10	나는 좌절을 딛고 중요한 도전에 성공한 적이 있다.	①	②	③	④	⑤
합계						

그릿 분석은 관심의 지속성과 노력의 꾸준함을 측정하는데, 점수가 높을수록 장기 목표를 달성하기 위해 필요한 투지와 열정을 가지고 있는 것으로 볼 수 있다.

그릿과 유사 개념 비교

유사 용어	정의
자기통제력 (self-control)	사회학습 이론 관점에서 자기 조절에 대한 특수한 유형으로 구성원이 다양한 목표 선택을 두고 결정할 때, 통제적인 행동을 통해 과도한 경쟁을 삼가고 새로운 목표를 향해 정진하는 것(Kanfer, 1990).
성취욕구 (Achievement need)	수준 높은 목표를 달성하고 성공하려는 욕구(McClelland, 1985).
성실성 (conscientiousness)	21세기 핵심역량: 진취성, 자기 지시, 책임감, 인내, 생산성, 그릿 타입 I형 자기 통제(자기 숙고, 수행, 자기 반성을 포함한 메타인지 기술)(NRC, 2012).
	성격 요인: 신뢰성과 목표를 달성하고자 하는 의지(Poropat, 2009).
지속성과 인내 (Persistence and Perseverance)	지속성은 장애물, 어려움 또는 좌절에도 불구하고 목표 지향적인 행동을 자발적으로 지속하는 것. 단순히 어떤 사람이 어떤 일에 대해서 얼마나 오래 일하는지를 측정하는 것은 즐겁거나 보람 있는 일을 계속하는 것이 좌절을 견디고 극복하는 것을 필요로 하지 않기 때문에 인내의 본질을 적절하게 포착할 수는 없음. 지속성과 인내라는 용어를 서로 바꾸어 쓸 수 있음(Peterson & Seligman, 2004).
몰입 (Engagement)	행동적 몰입은 참여의 개념에 따라 이루어지며, 학업과 사회 또는 과외 활동에 몰입하는 것을 포함하며, 긍정적인 학업 결과를 달성하고 중도 포기를 방지하는 데 중요한 역할. 감정적 몰입은 조직 및 구성원에 대한 긍정적인 반응과 부정적인 반응을 포함하며, 조직과의 관계를 형성하고 그 일을 하려는 의지에 영향. 인지적 몰입은 투자하는 생각에 의존. 복잡한 생각을 이해하고 어려운 기술을 습득하는 데 필요한 노력을 기울이려는 사려 깊음과 의지를 포함(Fredricks 외, 2004).
회복탄력성 (Resilience)	잠재적으로 삶을 변화시킬 수 있는 경험에 노출되는 동안 성공적인 인생 과정을 개발하기 위한 역량에 따른 중요한 도전의 맥락에서 긍정적인 적응을 의미(Masten 외, 2009).

※ 출처: Shechtman 외(2018), 허소라(2020). 그릿이 이직 의도에 미치는 영향: 직무 열의의 매개 효과를 중심으로. 부산대학교 석사학위논문. 11쪽에서 재인용.

며 관심은 열정으로 나타난다. 둘째, 의도적인 노력과 연습이 나타난다. 높은 그릿 수준을 가진 사람들은 특정 영역에 관심을 가지고 이를 발전시키면서 최선을 다해 집중하며 고비를 넘겨 기술을 습득하고 숙달하는 노력을 반복해 결국 이것이 습관으로 자리 잡는다. 셋째, 그릿이 높은 사람들은 나의 일이 타인에게도 도움이 되도록 하겠다는 이타적 목적을 갖는다. 마지막으로 희망, 즉 위기상황에도 포기하지 않고 잘 대처하여 위기를 넘기는 끈기와 힘을 가지고 있다. 의심스럽고 어려운 부분이 나올 때에도 집중력을 유지하며 낙관적으로 희망으로 상황을 풀어 나간다.

그릿의 힘은 그릿의 유사 개념과의 비교를 통해서도 나타난다. 쉐흐트만 등(2018)은 그릿과 유사 개념들을 연구하여 이를 정리했다.[8]

그릿의 흥미로운 연구 결과는 지금부터이다. 그릿의 예측력은 지능(IQ)이나 성적과 같은 인지적 능력뿐 아니라 성실성이나 자기통제감보다 더 탁월했고, 특히 장기적이고 도전적인 목표 달성에 대한 탁월한 예측력이 바로 그릿의 특징이며 나이가 들수록 그릿이 올라간다는 점이다. 나이가 들수록 그릿도 올라간다!

더크워스에 의하면, 그릿은 연령별로 점수가 달라진다. 미국 성인 대표본의 자료를 바탕으로 살펴보면 아래 그림에서 보는 것처럼, 20대에는 낮은 그릿 점수를 보이다가 연령대가 높아질수

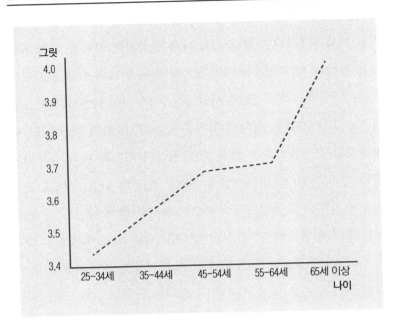

록 그릿이 높아져 60-70대가 되면 가장 높은 그래프를 보인다.

　60-70대가 가장 그릿이 높은 이유는 지속적 열정과 끈기를 강조하는 가치 규범의 시대 문화 속에서 성장했기 때문일 가능성이 있다. 더크워스는 이러한 결과에 대해 대공황기에 성장한 가장 위대한 세대와 그 이후 출생한 밀레니엄 세대의 문화 요소 차

이 때문일 수 있다고 보고, 성장하는 인간은 변화에 대해 어느 정도 생물학적으로 결정되어 있지만 그보다는 인생 경험에 의해 더 영향을 받는다고 해석한다.

우리나라 액티브 시니어 세대의 특징은 더크워스 교수가 해석하는 '가장 위대한 세대'의 특징을 가장 정확하게 가지고 있다. 앞서 기존 시니어 세대와 액티브 시니어 세대에 대한 비교를 다시금 살펴보자.

기존 시니어 세대와 액티브 시니어 세대의 차이점

구분	기존 시니어 세대	액티브 시니어 세대
성장기	산업화 이전인 1970년대 이전	산업화 이후인 1970년대 이후
세대 특성	보수적, 동질적, 수동적	미래지향적, 다양성, 적극성
독립성	약한 독립성 (대가족 지향)	강한 독립성, 사회시스템 의지(핵가족 지향)
경제력	독립적 경제력 보유층 얇음	독립적 경제력 보유층 두터움
교육 수준	저학력	고학력
노년 의식	인생의 황혼기	새로운 인생의 시작, 자아실현의 기회
가치관	본인을 노년층으로 인식	연장된 중년, 나이와 젊음은 별개
소비관	검소가 최고의 미덕	합리적 소비

그릿 지수: 나이가 들수록 그릿은 올라간다!

구분	기존 시니어 세대	액티브 시니어 세대
취미 활동	무취미, 같은 세대 간 교류	취미의 다양화, 다른 세대와 활발한 교류
레저관	일 중심, 여가 활용에 미숙	여가 자체의 가치 목적
여행	단체 여행, 효도 여행	여유 있는 부부 여행, 자유 여행
금융 경험	예금 위주의 금융 상품	다양한 금융 상품
재테크	고수익 고위험 상품에 대한 수요와 지식 부족	재테크에 높은 관심, 다양한 자산 포트폴리오 구성 수요
노후 준비	자녀 세대에 의지	스스로 노후 준비
독립성	종속적, 자녀에 의지	독립적, 배우자 및 사회 시스템에 의지
보유 자산	자녀에게 상속	자신의 노후를 위해 소비 처분
생활 스타일	순 한국식 선호	타 문화와 적극 교류
평생 교육	수혜적 교육	참여적·창출적 교육
이혼관	이혼 불가	이혼 가능, 졸혼
여성의 사회 참여	수동적 참여	적극적 참여

우리나라 액티브 시니어들은 기존 시니어 세대의 특성을 목도하면서도 이를 넘어서 새로운 선택을 한 집단이다. 액티브 시니어들의 특징은 한국전, 전후 복구, 민주화, 금융위기와 외환위기

등 숱한 20세기 한국의 위기를 경험하고 극복하면서 얻어 낸 값진 선택의 산물들이다. 여기에는 장기 목표를 지향하고, 미래를 향한 긍정적 마인드, 끊임없이 이어진 열정, 소신과 사명감, 지속적인 노력과 인내, 삶과 역사적 과정에서 얻고 발견한 회복탄력성을 고스란히 개인 경험과 역사적 경험을 통해 의식과 무의식 모든 영역에 담고 있다. 이들의 삶과 역사가 모두 그릿의 그릇이다!

그릿을 기르는 방법, 그릿 수준을 올리는 방법은 어떤 것이 있을까? 더크워스의 제안을 들어 보자.

첫째, 열정을 키우는 방법으로 관심사를 분명하게 하고 발전시켜야 한다. 둘째, 의식적으로 질이 다른 연습을 해야 한다. 명료한 목표와 완벽한 집중과 노력, 그리고 유용한 피드백을 통한 반복적인 연습이어야 한다. 셋째, 이타성을 기반으로 높은 목적의식을 갖는 것이다. 좋아하는 일을 할 때 목적의식이 생긴다고 한다. 마지막 요소는 칠전팔기라는 고사성어처럼 역경, 시련, 실패를 맞이하더라도 다시 일어서는 자세를 가지고 희망을 품어야 한다(Duckworth, 2016).

즉 관심사를 분명하게 할 것, 질이 다른 연습을 시작하고 반복 연습할 것, 좋아하는 일을 하며 이타성을 가질 것, 넘어져도 다시 일어날 것을 말한다. 그릿을 시작하게 하는 자기 동기, 그리고 그릿을 완성하는 자기 조절력을 바탕으로 자신의 능력 성장에 대한 믿음과 끈기를 가지고 그릿을 올려 보자. 그릿이 높은 사람들은 덜 즐거운 상황에서도 더 많이 연습하고 지속한다. 그러기 위해 우리에게는 목표가 필요하다. 우리를 성장시킬 목표가 우리의 그릿을 올리는 시작점이 될 것이다.

미래 시간 조망 능력:
놀라운 유연성과 꽉 찬 동기

"미래에는 모든 사람이 15분 동안 유명해질 것이다."

앤디 워홀

5년 뒤 나는 무엇을 하고 있을까? 우리의 미래는 어찌 될까? 이렇듯 먼 미래를 바라보는 관점을 시간 조망이라 한다. 10년 뒤 아침이라면 대충 빗어 뒤로 묶은 머리에 무릎까지 오는 편안한 원피스를 입고 머리가 꽤나 벗겨진 남편과 된장찌개와 계란 프라이를 준비하며 이번 달 나올 연금 얘기를 하고 있을 것이고, 5년 쯤 시간을 당기면 강의 준비를 하며 미리 준비한 자료들을 훑어 실수가 없는지 확인하며 노트북을 뚫어져라 쳐다보면서 구글에 오늘 날씨를 묻고 있을 것이다. 그리고 다시 5년을 당기면 바로 오늘이니, 시간을 먼 미래에서 조금씩 당기다 보면 내가 오늘 만나고 있는 그 사람에게 무슨 말을 하고 어떻게 행동해야 할지가 분명해진다.

또한 시간을 바라보는 관점에서 보자면 똑같은 길이의 시간이라도 누군가는 길게 느끼고 다른 누군가는 짧게 느낀다. 물리적 시간과 마음의 시간은 서로 다른데, 물리적 시계로 측정되는 시간보다는 마음의 시간이 시간을 지각하는 데에 큰 영향을 준다. 마치 주민등록상의 나이와 무관하게 개인이 느끼는 주관적 연령이 있고, 사람들이 주로 자신의 주관적 연령에 따라 사고하고 행동하려는 것과 유사하다. 이러한 시간에 대한 개인적인 인식이나 관점을 시간 조망(time perspective)이라 한다.[9] 그리고 주관적인 시간 지각인 시간 조망은 오래전부터 인간의 동기에 영향을 미치는 중요한 요인으로 알려져 왔는데, 이를 이론적 관점에서 다룬 영역을 미래 시간 조망 이론(future time perspective theory)이라고 한다.

미래 시간 조망 이론은 미래에 대한 개인의 관점을 4가지 차원으로 구성한다. 미래의 목표를 중요하고 가치 있게 생각하는 정도를 말하는 유인(valence), 자신의 사고를 먼 미래까지 투영할 수 있는 정도를 말하는 확장성(extension), 목표까지 남은 시간이 빠르게 흘러감에 대한 지각의 정도를 말하는 속도(speed), 현재의 특정 행동을 미래의 목표와 관련짓는 능력인 관련성

(connectedness)이다.

대개 미래를 짧게 내다보고 몇 개월 단위의 짧은 목표를 세우는 사람이 있는 반면, 먼 미래를 보고 장기적인 목표를 세우는 사람도 있다. 자신의 예측 능력 안에 있는 미래 시간 영역 내에 일어나는 사건은 상대적으로 가깝게 느끼고 현재 진행 중인 활동과 관련이 크고 중요성도 높다고 느끼는 반면, 너무 먼 미래에 일어나는 사건에 대해서는 상대적으로 멀고 현재의 활동과는 관련이 없으며 덜 중요하다고 느낀다. 이때 주로 가까운 미래를 중심으로 삶을 내다보고 먼 미래에 대해서는 중요성을 두지 않는 사람들을 "짧은 미래 시간 조망을 지녔다"고 하며, 주로 먼 미래를 내다보고 먼 미래라 할지라도 그것이 가깝고 중요하다고 느끼는 사람들을 "긴 미래 시간 조망을 지녔다"고 말한다. 다시 말해, 동일한 시간적 거리의 목표일지라도 개인이 어떤 시간 조망을 지녔는지에 따라 서로 다른 심리적 거리감을 경험하게 되고, 미래 목표에 대해서도 다른 계획과 다른 해석을 하게 된다.

미래 시간 조망(삶에서 남은 시간에 대한 지각)은 몇 가지 특성을 가지고 있다. 먼저 '미래지향'적 특성으로 미래의 목표와 성취를 중요시하며 목표 달성을 위해 현재의 시간을 계획적으로 사용하는 미래지향적 태도라 할 만하다. 이는 미래를 예견하고 미래의 목표를 이루기 위해 현재에서 계획을 세우고 스스로를 조절하는 인간

———————————————— 미래 시간 조망 능력: 놀라운 유연성과 꽉 찬 동기

고유의 능력이자 미래를 위해 자신의 현재 행동을 조절하는 능력을 포함한다. 둘째, 개인 미래에 대한 인식 능력이다. 랑과 카스텐슨(Lang & Carstensen, 2002)에 의하면, 미래의 시간을 제한적으로 인식하는 사람은 생애 목표 우선순위를 정서적으로 의미 있는 목표에 두는 반면 미래의 시간을 확장적으로 인식하는 사람들은 어떤 일을 할 경우에 구체적이거나 지식과 관련된 목표를 세운다고 보았다. 즉 자신에게 남은 시간이 적다고 생각하는 사람들은 단기 목표를 세우는 반면 자신에게 남은 시간이 많다고 인지하는 사람들은 좀 더 발전적인 목표를 세운다.[10]

이런 측면에서 볼 때 액티브 시니어들의 미래 시간 조망은 정서나 인지, 동기에 영향을 미치면서 그들이 어떻게 어떤 사회적 행동을 할 것인가를 예측하게 해주고 중년 이후 미래 시간 조망은 성공적 노화에도 영향을 미친다. 이것은 중년 이후 어떻게 미래 시간 조망을 갖는지에 따라 정적 정서나 부적 정서를 느끼게 됨으로써 미래 시간 조망이 간접적으로 삶의 질에 영향을 미치기 때문이다. 중년 이후 제한된 미래 시간 조망을 가지게 될 경우 현재의 정서적 안정을 중요시하여 추구하기 쉽다. 확장된 미래 시간 조망을 가진 대상이 제한된 미래 시간 조망을 가진 대상보다 높은 수준의 정적 정서 및 삶의 만족도를 경험하며 부적 정서나 우울감은 낮게 경험하는 것으로 나타났다.[11]

액티브 시니어들은 목표를 세우면서 적극적으로 새로운 것에 도전하고자 하는 특성을 지니고 있다. 이는 자신에게 시간이 아직 충분하다고 느끼는 확장된 미래 시간 조망이 있어야 가능하다고 할 수 있는데, 자신에게 시간이 얼마 남아 있지 않다고 느낄 경우 새로운 것을 시도하기보단 삶을 정리의 방향으로 규정할 것이다. 실제로 확장된 미래 시간 조망을 가진 노인이 상대적으로 그렇지 않은 노인에 비해 노년기를 생산적으로 보내는 경향이 있으며 확장된 미래 시간 조망을 가져야 미래를 낙관적으로 여겨 미래에 성취 가능한 목표를 세울 수 있다.

최근 호프만(Hoppmann, 2015) 등은 독일 〈베를린 노화 연구〉와 미국의 〈건강과 은퇴 연구〉 자료를 함께 분석하면서 죽음에 대한 주관적 지각과 주관적인 기대수명 인식이 정적 정서, 부적 정서, 우울 그리고 삶의 만족도에 영향을 미친다는 것을 발견했다. 일단 〈베를린 노화 연구〉의 분석 대상자들은 70대 이상의 노인들로, 죽음이 아직 멀었다고 느끼는 노인들의 경우가 죽음이 가깝다고 느끼는 노인들의 경우보다 정적 정서 및 삶의 만족도 점수가 높고 부적 정서와 우울 점수가 낮은 경향을 보였다. 또한 인지기능이나 건강 상태가 좋은 노인의 경우 죽음을 가깝게 느낀다 해도 우울 증상은 적게 나타났다. 한편 미국의 〈건강과 은퇴 연구〉의 자료에서 비슷한 연령대의 연구 대상자를 살펴보았을 때 주관적 기대수명이 길수록 노인들은 높은 정적 정서와 높은 삶의 만족도, 그리고 낮은 부적 정서와 적은 우울 증상을 보였다.[12]

우리나라 노년층들은 미래 시간 조망에 어떤 결과가 나타났을까? 우리나라 수도권에 거주하는 40-84세 성인 107명을 대상으로 미래 시간 조망이 주관적 안녕감에 미치는 영향을 알아보는 연구에서도 중·노년기에 연령이 증가할수록, 교육 수준이 높을수록, 주관적으로 지각하는 건강 상태가 좋을수록 그리고 인지 상태가 좋을수록 확장된 미래 시간 조망을 가지는 것으로 나타났다. 또한 확장된 미래 시간 조망을 가진 집단은 제한된 미래 시간 조망을 가진 집단보다 높은 수준의 정적 정서와 낮은 수준의 부적 정서와 우울을 경험하며, 상대적으로 삶의 만족도는 높은 것으로 나타났다. 나아가 미래 시간 조망은 정적 정서와 삶의 만족도와는 정적인 관계, 부적 정서와 우울과는 부적인 관계가 있었고, 중·노년 대상자의 일반적 특성을 통제한 후에도 각 주관적 안녕감 변인을 긍정적으로 예측하는 유의한 변수로 나타났다.[13] 액티브 시니어들의 높은 미래 시간 조망 능력은 삶의 만족도를 높이고 긍정적 삶을 영위하는 데 현저히 기여하고 있는 것이다.

미래 시간 전망은 인생에서 중요한 개념으로, 미래 시간이 단순히 시간의 거리에 따라 현재의 행동에 영향을 주는 것이 아니라 자신이 어떻게 미래 시간을 지각하고 있느냐에 의해서 현재의 행동과 삶에 영향을 준다고 할 수 있다. 이런 측면으로 미래 시간 전망을 동기적이고 인지적인 개념으로 볼 수 있을 텐데, 고령자가 준고령자보다 시간 길이를 길게 본다는 결과는 고령 액티브 시니어들의 미래 시간 전망의 성격이 동기적이고 인지적이며 미래지향적일 수 있다는 점을 보여 준다.

물론 나이가 많다고 해서 모두가 확장된 미래 시간 조망을 갖는 것은 아닐 것이다. 미래 시간 조망은 같은 연령대라고 해도 개인의 성취에 따라 달라질 수 있다. 이는 나이 차이보다는 미래 시간 조망의 개인차가 주관적 안녕감에 더 밀접한 영향을 미치는 것으로 보인다.

자, 여러분의 미래 시간 조망은 어떠한가? 〈미래 시간 조망〉 검사지를 활용해 점검해 보자.

미래 시간 조망(Future Time Perspective: FTP 검사지)[14]

※다음은 당신이 생각하는 미래 시간 조망에 관하여 알아 보기 위한 질문입니다. 해당란에 체크해 보세요.

	문항	전혀 아니다	약간 아니다	보통 이다	약간 그렇다	매우 그렇다
1	내 미래에는 많은 기회들이 기다리고 있다.	①	②	③	④	⑤
2	나는 앞으로도 새로운 목표들을 많이 세울 수 있다.	①	②	③	④	⑤
3	내 미래에는 가능성들이 많이 있다.	①	②	③	④	⑤
4	내게는 여생이 많이 남아 있다.	①	②	③	④	⑤
5	내 미래는 무한하다.	①	②	③	④	⑤
6	나는 미래에 원하는 것은 무엇이든지 할 수 있다.	①	②	③	④	⑤
7	내 인생에서 새로운 계획을 세울 수 있다.	①	②	③	④	⑤
8	시간이 매우 빨리 흘러간다고 느낀다.	①	②	③	④	⑤
9	내 미래의 가능성은 제한되어 있다.	①	②	③	④	⑤
10	나이가 들면서 시간이 얼마 남지 않았다고 느낀다.	①	②	③	④	⑤
합계						

* 9번과 10번은 역채점(5번에 1점, 4번에 2점, 3번에 3점, 2번에 4점, 1번에 5점)하라.
* 점수가 높을수록 미래 시간 조망이 높음을 의미한다.

중년 이후 지능 신화:
아인슈타인은 틀렸다!

"난 한 번도 나이에 대해 거짓말하고 싶은 마음이 없었다. 왜 도대체
35세라고 거짓말해 상대가 '아, 괜찮군요'라고 말하게 하나?
47세라고 사실대로 말해서 '와우!!'라는 반응을 듣지.
난 오래전에 삶을 두려워하는 걸 관뒀다."
샤론 스톤

남들은 내가 꽤 키가 큰 줄 아는데, 사실 내 키는 또래 평균에
도 못 미칠 뿐 아니라, 심지어 점점 작아진다. 내 어머니는 그렇
지 않아도 작은 키가 줄다 못해 땅에 붙을 지경이라며 아래쪽 공
기가 다르다고 말씀하신다. 나나 엄마나 같이 나이 들어 가니 키
도 같이 줄고 생긴 거나 가진 거나 할 것 없이 다 같이 줄어든다.
그러다 보니 감소와 통증 앞에 서로 연민과 서로를 놀리는 재미
도 쏠쏠하다. 마음의 키는 커 간다. 그러나 물리적 성장은 멈춘
지 오래다. 그렇다면 성장이 멈추면 지능도 멈출까? 그럼 키가

줄면 지능도 줄어드나? '제발 그러지 않았으면' 하고 바라며 하루 세 번씩 기도도 해보지만, 기억나지 않는 더 많은 것들 속에 기도마저 멈추게 된다. 조금만 주의를 기울이지 않으면 듣고 있던 말의 내용도 알지 못하는 경우가 생겨나고, 누군가가 했던 유머를 쓰려고 해도 그 '인용'마저 어려워지는 경험이 쌓이면서 우리는 '나이는 어쩔 수 없구나' 하는 독백을 해버리고 만다.

내 성장 기억에는 삶은 빨래가 없었다. 어쩌다 삶은 빨래는 모두 일부가 그을려 누렇게 혹은 검게 변해 잘라내 입거나 버리기 일쑤였다. 건망증 여왕인 우리 엄마의 작품이다. 그러나 놀랍게도 평생 빨래를 안 태워 본 적이 없는 나의 엄마가 나이를 먹으면서 조직의 큰 그림에 대한 이해나 대소사의 흐름 등은 좀 더 잘 파악할 수 있게 되는 것 같다. 그러나 뇌는 더 주의산만해지고, 정확한 정보보다는 그 의미를 기억하는 정도로 스스로 위로를 하곤 한다. 중년 이후의 뇌가 감당하기에는 너무 많은 정보가 흘러들어와 결국 몇 가지 빼고는 모두 흘려보내 버릴 수밖에 없는 빠른 과부하 때문이기도 하다.

그러나 최근 여러 연구들은 흘러들어 오는 정보들에 대한 차단을 덜 하는 뇌에서 창의적인 아이디어가 더 많이 나오는 경향이 있다는 결과들을 내고 있다. 이는 창의성이 가진 역설적인 특징 때문인데, 즉 평소 널려 있던 생각들이 합쳐져서 새로운 화학적

결합 결과물인 아이디어를 낸다는 점이다. 즉 많은 자료들과 기억들, 그리고 질료들이 모여 블록을 쌓아 새로운 작품을 만들고, 여러 재료를 통해 콜라주를 만들어 내는 것과 유사하다.

콜라주(collage)란, 질이 다른 여러 헝겊이나 종이, 비닐, 타일 등을 다양하고 의미 있는 방식으로 붙여 화면을 구성하는 미술 기법을 말한다. 어원을 보자면, '바르다', '접착하다'의 뜻을 가진 프랑스어 'coller'인데, 결국 모아서 새로운 것을 창출한다. 조르주 브라크나 파블로 피카소와 같은 입체파 화가들이 유화의 한 부분에 신문지, 악보 등을 풀로 붙여 넣은 '파피에꼴레'뿐 아니라 톱밥, 머리카락, 못, 깡통 등 당혹스럽기까지 한 재료들을 모아 붙여 작품을 만들어 내는데, 대부분 익숙한 재료들이 주는 친밀감과 새로운 작품으로서 주는 인상적 효과가 돋보인다.

중년을 넘어 노년을 향해 걸어가는 사람들에게 일생의 기억과 관계, 경력과 기술 그리고 의지라는 풀이 어떻게 생애 콜라주를 만들어 가는가!

그와 같이 사람의 콜라주는 바로 노년기에 완성된다. 그런 의미에서 붙이고, 오리고, 그리기를 반복하며 추억으로 빈 공간을 메우고, 작품을 돌보는 노년의 새로운 이름은 바로 '창조적 인생 예술가'이다. 이 창조적 예술가들에게는 자신의 삶의 마

피카소(Pablo Ruiz Picasso, 1881-1973)의 콜라주:
가장 일상적 재료의 가장 특별한 조합

〈아비뇽의 처녀들〉, 〈게르니카〉, 〈한국의 학살〉 등 우리에게 큐비즘으로 잘 알려진 스페인 화가 파블로 피카소는 92세로 사망할 때까지 3만 점이나 되는 작품을 그리고 만들었다. 그는 입체파, 큐비즘 등으로 알려져 있지만, 질이 서로 다른 재료와 물건들을 붙여 화면을 구성하는 기법인 '콜라주'(Collage)의 시작이 되기도 했다. 그가 추구했던 단순화를 통한 입체주의의 추상성과 난해성을 극복하는 방안으로 일상적이고 비추상적인 일상생활용품을 화면에 붙이는 방식을 시작하여, 세계 최초의 콜라주라고 알려져 있는 〈등나무 의자가 있는 정물〉이 탄생하게 된다.

이 그림은 음료를 주문한 한 남자가 앉아 있는 술집 탁자 위의 물건들로, 유리잔, 레몬 조각, 신문, 등나무 의자가 보인다. 피카소는 등나무 의자와 비슷한 질감의 방수포를 갖다 붙이고 탁자 가장자리 테두리 끈으로 그림의 틀을 대신하였다. 추상적인 현장에 현실적 질감의 재료를 작품에 붙여 사실 재현을 벗어나지 않으려 하고 3차원적인 속성을 2차원에 표현했다고 평가받고 있다. 가장 모호한 존재에 가장 구체적인 것이 합해지면서 그는 20세기와 21세기를 통과하며 가장 놀라운 예술 세계를 인류의 유산으로 남겼다.

지막 재료를 자신의 생각과 창조적 기지로 채워 나가는 일이 남아 있다. 노년기 삶의 자리를 겨울철 나무처럼 있는 그대로 볼 수 있게 된 노년, 그 인생 예술가들이 자신의 콜라주를 완성하기 위해 기억할 것이 있다. 바로 젊은 시절의 추억이나 연민으로 바라보는 타인의 시선이 아니라 우리가 바로 창조적인 인생의 예술가이고, 지금도 작품을 만들어 가고 있다는 점, 그리고 바로 지금이 남은 재료를 앞에 두고 최고의 창조성을

발휘할 때라는 것이다.[15]

　뇌의 부피가 줄 뿐 뇌가 늙지 않는다는 것, 나이가 들수록 그 릿이 증가한다는 것, 그리고 확장된 시간 조망을 가진 액티브 시 니어들이 경험과 새로운 학습을 버무려 창조적 콜라주를 창출하 는 예술적이고 창조적인 삶의 자리는 아인슈타인의 전제를 정확 히 거부한다.

　30세가 되기 전에 과학의 발전에 기여하는 위대한 업적을 이 루지 못하면 평생 위대한 업적을 남기지 못한다.

_아인슈타인

　아인슈타인은 일반물리학 형성에 지대한 영향을 끼친 상대성 이론으로 뉴턴의 고전역학적 세계관에 종지부를 찍은 인물로 유 명하다. 1879년 3월 14일 유대인 아버지와 독일인 어머니 사이 에서 장남으로 태어나 26세에 취리히 대학교에서 고체를 이루 는 분자 운동과 에너지를 주제로 박사학위를 받았다. 이후 일반 상대성 이론을 본격적으로 만들어 가다 1914년에 일반 상대성 이론의 측지선 공식을 최초로 형식화하면서 논문 '일반 상대성 이론의 형식적 기초'를 발표한다. 그리고 1915년 발표한 네 편의

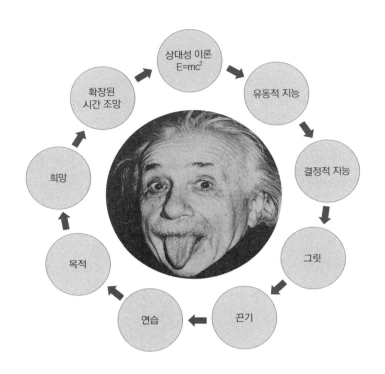

논문 중 마지막인 〈중력의 장 방정식〉에서 일반 상대성 이론의 완결된 장 방정식을 구현해 낸다. 그때 이미 아인슈타인은 30세가 훌쩍 넘었다. 1919년 일반 상대성 이론 예측이 검증되었다는 발표를 하고 1921년 그의 나이 42세에 광전 효과에 대한 공로로 노벨 물리학상을 받았다. 1955년 프린스턴 대학교 근처 병원에서 76세 나이로 사망할 때까지 그는 300편 이상의 논문을 썼으며, 그 논문의 대부분은 30세 이후에 쓴 것이다.

그렇다면 아인슈타인의 '위대한 업적 30세 이전 발생설'은 무엇을 말하는가? 이는 긴 세월 속에 타고난 유동적 지능을 통해 얻은 창조적 생각의 힘을 강조한 것이다. 유동적 지능을 통해 얻어진 아이디어는 결정적 지능으로 이동하며 경험과 융통성을 품고 그릿, 끈기, 연습, 목적의식, 희망, 확장된 시간 조망을 통하여 $E=mc^2$으로 최종 도출되었다.

성장이 멈추면 지능도 멈춘다는 생각은 우리 속의 관습적 사고이며, 사실상 신화였다. 우리에게 지능에 대한 신화 말고도 숱한 신화들이 있었고, 그 신화 속에서 오랜 세월 액티브 시니어는 기존의 노인 담론을 해체하고, 늙지 않는 뇌로, 그릿으로, 미래 시간 조망 능력으로 중년 이후 인지신화를 깨고, 그 속에 창조적 담론을 재구성하고 있다.

3부

1 Zacks, Hasher & Li 말고도 Schaie(1996), Powell(1995) 등 관련 연구는 수도 없이 많다. 기존의 노화인지이론을 뒤집는 연구와 관련하여는 다음의 책들을 참고하라. Powell, D. H. (1995). *Profiles in cognitive aging*. Cambridge, MA: Harvard University Press.;Schaie, K. W. (1996). *Intellectual development in adulthood: The Seattle longitudinal study*. Cambridge, MA: Cambridge University Press.; Zacks, R. T., Hasher, L.& Li, K. Z. H. (2000). *Human memory*. In F. I. M. Craik & T A. Salthouse (Eds). The Handbook of aging and cognition. MahWah, NJ:LEA.

2 카텔의 유동적 지능과 결정적 지능에 대하여는 좀 오래되긴 했어도 원래의 주장이 담긴 글을 보기를 권한다. Horn, J. L., & Cattell, R. B. (1966). *Refinement and test of the theory of fluid and crystallized intellegence*. Journal of Educational Psychology, 57, 253–269.

3 일생에 걸쳐 변화하는 뇌와 신경계의 능력에 대하여는 다음의 책을 참고하라. 모헤브 코스탄디(2019). 《신경가소성》. 김경진 해제, 조은영 옮김. 김영사.

4 뇌 신경가소성에 대한 자세한 연구와 방대한 연구·조사·정리에 대하여는 도이지 노먼(2018). 《스스로 치유하는 뇌》. 장호연 옮김. 동아시아; 김상범(2016). 노화를 지연시키는 운동의 역할: 뇌 신경가소성을 중심으로. 〈한국스포츠심리학회지〉. vol 27. no. 1. 79~97을 참고하라.

5 "Human Brain's Abilities Peak At Different Ages". HEADLINES & GLOBAL NEWS. MAR 10, 2015.

6 데이비드 베인브리지의 글은 가끔씩 통쾌하기까지 하다. 중년의 뇌와 삶에 대한 흥미로운 그의 책은 데이비드 베인브리지(2013). 《중년의 발견》. 이은주 옮김. 청림출판.

7 안젤라 더크워스(2016). 《그릿》. 김미정 옮김. 비즈니스북스.

8 Shechtman 외(2018)이 정리한 그릿과 유사 개념 비교는 허소라(2020). "그릿이 이직 의도에 미치는 영향: 직무 열의의 매개 효과 중심으로". 부산대학교 석사학위논문에서 재인용하였다.

9 시간 조망 개념을 처음으로 제시한 학자는 Frank(1939)이다. 그는 시간 조망을 한 개인이 겪은 일들에 따라 현재 시점에서 미래를 파악하거나 과거를 되돌아보기도 하는 시간 구조라고 정의하고, 시간을 과거, 현재, 미래로 분리한 이래 '미래 시간 조망 능력'에 이르는 연구까지 이어지고 있다. Frank, L. K. (1939). *Time perspective*. Journal of Social Philosophy, 4, 293–312.

10 미래 시간 전망의 구성 요소에 대한 글은 Lang, F. R., & Carstensen, L. L. (2002). *Time counts: Future time perspective goals, and social relationships.* Psychology and Aging, 17, 125−139를 보라.

11 Coudin, G. & Lima, M. L.(2011). *Being Well as Time Goes By: Future Time Perspective and Well−Being.* International Journal of Psychology and Psychological Therapy. vol.11(2), 219−232.

12 베를린 노화 연구와 미국의 건강과 은퇴 연구에 대한 자세한 비교는 다음의 자료를 참고하라. Hoppmann, C. A., Infurna, F. J., Ram, N., & Gerstorf, D. (2015). *Associations among individual's perceptions of future time, individual resources, and subjective well−being in old age.* Journal of Gerontology: Psychological Science, online published.

13 한경훈·노수림(2016). 한국 중·노년의 미래 시간 조망이 주관적 안녕감에 미치는 영향. 사회과학연구 vol 27. no. 1.

14 Carstensen, L. L., & Lang, F. R. (1996). *Future time perspective scale.* Unpublished manuscript, Stanford University.

15 "창조적 꼴라주: 창조적 노년을 위하여". 이호선(2019). 《늙음에 미치다》. 북코리아.

노년 인지 혁명:
나이 들어 머리가 좋아지는 비결

플린 효과

플린 효과(Flynn Effect)를 아는가? 시간이 지날수록 세대들의 IQ 평균값이 상승하는 현상이다. 1980년대 초, 뉴질랜드 심리학자 제임스 플린(James Flynn)은 IQ의 변화를 연구하면서 미국 군대의 신병 지원자들의 IQ가 10년마다 3점씩 올라간다는 사실을 발견했고, 이를 14개국으로 확대 실시했을 때도 유사한 결과를 얻었다. 이후 플린은 연구를 확대하여 IQ의 시대별 변화를 조사하였고, 20세기 초부터 검사 당시에 이르기까지 IQ는 지속적으로 증가되어 왔음을 알아냈다. 예를 들어 오늘날 미국 성인의 평균 IQ

를 100으로 보자면, 1900년대 미국 성인의 평균 지능은 현재 기준으로 볼 때 50에서 70 사이였다.

당시 사람들이 머리가 좋지 않았다기보다는 공교육 확대나 매체 증가, 영양상태 증진, 사회의 복잡도 증가 등의 이유로 세대가 거듭할수록 인간의 지능이 지속적으로 높아졌다는 말이다. 개념을 범주화하거나 추상적인 규칙을 인식하는 능력이 향상되었기 때문에 과거보다 현재의 평균 점수가 높게 측정된 것이다. 그러니 우리는 우리네 할머니, 할아버지나 아버지, 어머니보다 IQ 점수가 18점 정도는 높다. 청출어람(靑出於藍)이 맞고, 조상들은 우리를 잘 키워 주었다.

그러나 요즘 노년들을 옛날 노년 보듯하여, 노인은 새로운 것을 배우기도 어렵고 가르치는 것도 불가능하다는 소리를 하면 주변인들이 혀를 끌끌 찰 것이다. 노인은 배우거나 가르칠 수 없다는 오랜 사회적 편견은 주로 노인이 되면 학습 능력이 결여되고, 지능이 감퇴하다 못해 소멸되며, 노년이 될수록 창의성이 감소된다는 것이었다. 만에 하나 여전히 이런 생각을 가지고 있다면, 그들은 20세기에서 아직 21세기로 넘어오지 못한 이들이다.

플린의 주장대로라면 지난 세기의 편견은 끝나고, 지능은 자발적 학습과 교육을 통하여 계속적으로 향상되고 있다. 노년기에도 그럴까? 25세부터 81세까지 9개의 연령집단을 14년 동안 장기

종단법으로 지능을 측정했을 때 60세 이전이 될 때까지 14년간의 연령 증가와 함께 지능은 높아졌다. 특히 실제 점수가 향상된 부분은 단어를 암기하는 등 특정 영역의 지식에 대한 부분일 것이라는 기대와는 달리 추상적인 문제를 해결하는 지능이었다. 시대의 위인들인 피카소나 톨스토이, 프로이트, 소포클레스, 괴테와 같은 이들이 아니어도 우리의 지능 역시 그러하다는 말일 텐데, 그들만이 세기의 창조성을 대표하는 이들이라면 우리의 창조성과 열정을 퍼내는 21세기의 지능의 우물은 어떤 것일까?

어려운 학습에 도전하라:
모든 뇌를 쓰는 법

"쉬운 일은 누구나 하지. 어려운 일을 해내야 보람이 있는 거지."
서중석 교수

　위의 말은 존경하는 교수님이 30년 전 내 남편에게 하신 말씀이다. 모두가 기피하는 까다로운 전공 선택을 두고 던지듯 남기신 말에 그분은 남편의 평생의 선생님이 되셨다. 70대에도 여전히 카리스마와 유머를 잃지 않은 교수님의 은혜로 나 역시 성장하고 성숙해 갔다. 내 아들에게도 서중석 교수님의 말씀을 귀에 못 박듯 쓰고 있으니 가문의 선생님인 셈이다. 맞는 말씀이다. 쉬운 일은 누구나 한다. 그래야 어려운 일도 할 수 있다. 그리고 어려운 일을 할 때 보람은 크게 온다. 그렇다면 '어려운 일'은 무엇이고 '보람'은 무엇인가? 어려운 일이 나이 들어 가는 우리의 뇌에도 보람을 줄까?

노화가 되면 뇌 부피와 두께가 감소하는 전두엽 영역에서 오히려 활성화 증가가 일어나는 모순적인 현상이 일어난다. 일명 '과활성화'라 부른다. 이런 노년기 뇌의 과활성화가 일어나는 원인에 대한 해석은 다양하다. 하나는 '보상 가설'이다. 보상 가설은 노인이 자신의 수행을 더 좋게 하려고 다른 부위의 뇌를 동원한다는 가설로 젊은이들과 대등한 수행을 보이기 위해서 뇌가 다른 부분을 보상적으로 활용한다는 것이다. 다른 하나는 '무차별화 가설'인데, 노인이 특정 과제에 대해 전문화된 뇌 회로를 동원하지 못하고 뇌를 무차별적으로 활성화하다 보니 뇌의 추가적인 영역까지 동원되어 사실상 비효율적인 수행을 하게 된다는 가설이다.[1]

그러나 최근에는 보상 가설이나 무차별화 가설의 경우 사실상 뇌 영역들을 독립적으로 분석하는데, 특정 인지 활동은 뇌의 한 영역의 활성화에 의해 나타나는 것이 아니라 여러 영역이 동시에 관여하는 네트워크 개념으로 뇌 기능을 분석하는 방법이 선호된다. 내용인즉 뇌의 영역들은 서로 연결되어 있으며 기능적으로도 분산되어 여러 영역이 함께 관여하는 게 실제 뇌의 처리 방식에 가깝다고 보는 것으로, 일명 '기능적 연결성'(functional connectivity)이라고 부른다. 그러니 뇌의 구조상 서로 떨어져 있어 구조적으로 연결된 것은 아니지만 뇌 영역군들이 기능적으로 연결되어 있을 때 네트워크를 이루고 있다고 가정한다.[2] '어려움에도 불구하고' 도전은 성장을 위한 뇌의 네트워크를 활성화시킨다.

사실 이런 '역경'이나 '실패'는 시니어들에게 진부한 무용담이다. 살아오는 내내 실패를 경험해 봤고, 그 과정에서 '극복'을 경험하면서 이 나이에 도달했다. 나이 들어 가는 이들에게 경험은 실패라는 물 위에 놓인 극복의 다리와 같다. 실패해 본 자들은 알다시피, 실패 상황에서 개인은 크게 2가지로 반응한다. 즉 실패를 회피하는 '무기력 지향'과 실패에도 재도전하는 '주도 지향'이다. '회피할 것인가' 아니면 '재도전할 것인가'는 주로 자극에 대한 즉각적 판단이지만, 실패가 주는 자존감 저하를 피할 수만 있다면 피하고 싶은 것이 사람인지라 우리는 합리화나 자기 변명을 사용하기 쉽다. 이러한 자기 변명이나 합리화는 회피의 기회를 갖게 할 수는 있으나 자기 능력을 객관적으로 인식할 수 있는 기회를 감소시키고 더 나은 학습의 기회 역시 박탈한다.

반면, 실패가 열정에 불을 지피면서 재도전의 불씨가 되기도 한다. 이런 경우를 '건설적 실패이론'(theory of constructive failure)이라고 하는데 실패 경험은 항상 무기력만을 학습하게 하는 것이 아니라 어떤 특정한 조건하에서는 학습자들에게 긍정적이고 건설적인 효과를 줄 수도 있다는 주장이다. 이 이론에서 실패는 개인

어려운 학습에 도전하라: 모든 뇌를 쓰는 법

심리에 심각한 타격을 주기보다는 도전 의식을 불러일으키고 또다른 학습을 하기 위한 과정으로 해석된다. 실패를 반복하다 보면 실패 결과에 대해 비교적 건설적인 감정 반응과 행동 태도로 반응하는 경향성을 보이는데, 이를 '실패 내성'(failure tolerance)이라고 부른다. 과제를 도전적으로 생각하고 이를 평가하는 사람들은 지속적으로 자신에게 다가오거나 자신이 선택한 과제를 해결하기 위해 재도전하고 더 나은 수행을 위한 단계에 돌입한다.[3]

자, 당신의 실패 내성은 어떠한지 〈실패 내성 검사지〉를 이용해 확인해 보라.

실제로 어려운 문제에서의 성공은 그 이유를 외부에서 찾기, 즉 외부 귀인(歸因)인 운에서 찾기 쉬운 반면, 적절한 난이도에서의 성공 경험은 그 이유를 자신 내부에서 찾는 '내부 귀인'을 유도하여 다음 행동에 대한 동기로 작용한다. 특히 계속된 실패를 경험한 경우, 계속 도전할지 중단 후 다른 대안을 찾을지를 결정하는 가장 큰 요인 중 하나는 노력에 대한 보상이고, 다른 하나는 자신의 능력에 대한 지각, 즉 자기 효능감이다. 쉬운 과제를 한 후 어려운 과제를 시행한 집단이 어려운 과제 후 쉬운 과제를 시행한 집단보다 자기 효능감이 더 높고, 더 좋은 수행을 보인다. 이것은 이전 과제의 객관적 수행 수준보다는 수행에 대한 개인적 판단이 이후의 과제에서도 성공할 수 있을 것이라는 믿음, 즉 자기

실패 내성 검사지(Failure Tolerance: FT)[4]

번호	항목	전혀 아니다		보통이다		정말 그렇다		
		1	2	3	4	5	6	7
1	나는 어려운 문제를 풀기 좋아한다.							
2	아주 쉬운 문제보다는 차라리 어려운 문제를 푸는 것이 낫다.							
3	고를 수 있다면 쉬운 것보다는 어려운 문제를 고를 것이다.							
4	어렵거나 도전적인 문제를 풀려고 애쓴다.							
5	생각을 많이 해야 하는 공부가 재미있다.							
6	좀 틀리더라도 어려운 문제를 푸는 것을 좋아한다.							
7	시간이 걸리고 생각해야 하는 문제보다는 빨리 끝낼 수 있는 문제를 푸는 것이 낫다.							
8	공부는 쉬울수록 좋다(R).							
9	실수를 하면 기분이 매우 나쁘다(R).							
10	실수를 많이 하면 매우 우울해지거나 화가 난다(R).							
11	나쁜 점수를 받을 때마다 어디론가 숨고 싶어진다(R).							
12	질문에 틀린 답을 하면 매우 기분이 나빠진다(R).							

번호	항목	전혀 아니다		보통이다		정말 그렇다		
		1	2	3	4	5	6	7
13	결과가 나쁘면 매우 슬퍼진다(R).							
14	문제를 틀릴까 봐 걱정을 많이 한다(R).							
15	실수를 많이 하는 공부는 정말 싫다(R).							
16	나쁜 결과에 대해서는 누구와도 이야기하지 않는다(R).							
17	나쁜 결과를 받으면 틀린 것을 공부해서 다시 풀어 본다.							
18	꼭 해야 하는 것이 아니라도 틀린 것을 다시 공부해 맞춰 본다.							
19	모르는 것이 있으면 아는 사람에게 설명을 부탁한다.							
20	하다가 틀리면 계속해서 해보고 또 해본다.							
21	목표를 세우지 않고 그냥 공부한다(R).							
22	과제를 성공하지 못하면 금방 포기해 버린다(R).							
23	나쁜 점수를 받으면 마음을 잡고 열심히 공부하기로 결심한다.							
24	바보 같은 질문을 하기보다는 적당히 추측하고 넘어간다(R).							

* (R)은 역채점 문항임.
* 과제 수준 선호도(1~8): 선호하는 과제의 난이도 수준이 높을수록 개인의 실패에 대한 내성이 높다.
* 감정(9~16): 자신의 실패 경험에 대해 건설적으로 대처할수록 실패 내성이 높다.
* 행동(17~24): 실패 후 적극적이고 구체적, 현실적으로 실패를 극복하기 위한 행동을 보일수록 실패 내성이 높다.

효능감을 형성하고 이후 도전에도 영향을 준다는 것을 의미한다.

어려운 과제라고 하더라도 자신이 직접 선택하여 수행할 경우 책임감과 흥미를 느끼기 때문에 과제 수행에 대한 적극적인 태도를 갖는다. 그러나 자기 의지가 아닌 외부 강요에 의해 억지로 과제를 해야 할 경우 어려운 과제에 대한 심리적 부담이 너무 커져서 과제에 대한 흥미가 떨어질 수밖에 없다. 곧 어려운 과제라 하더라도 '선택권'이 있다면 그 과제에 대해 책임감과 적극적인 태도를 가지게 된다. 유능감이 낮은 학습자는 과제에 대한 지식도 없고 실패에 대한 경험이 쌓여 있어 유능감이 낮고 과제 선택을 부담스러워하는 경향이 있는 반면, 유능감이 높은 학습자들은 학습에 대한 주도권을 가지고 싶은 욕구가 강하기 때문에 과제 선택에 흥미를 크게 느끼는데, 여기에 자율감과 선택은 다소 낮은 유능감에 에너지를 부여하여 새로운 학습에 대한 도전 의식을 키운다.

우리가 지금 하고 있는 이야기들을 듣고 낙담하기보다 힘이 나고 약이 오르기를 바란다. 그렇다면 당신은 도전 의지가 있는 사람이다.

움직여라! 머리가 좋아진다:

움직임과 뇌 활동 증가의 증거들

"피카소와 카잘스 그리고 미켈란젤로는 80대와 90대 때에도
여전히 작품 활동을 했다. 그러니 만약 누군가가 그들이 70대 때에
'그들에게는 미래가 없다'고 말했다면 어찌 되었겠는가?"
마거릿 엘웰

아무것도 하지 않는데 귀찮다. 동의하는가? 젊었을 때는 반사
적으로 몸이 튕겨 나가듯 집에 붙어 있을 날이 없었다. 누가 부르
지 않아도 집을 뛰쳐나가던 시절은 진작에 갔고, 그만한 반동을
만들어 낼 건강성도 떨어졌다. 음식을 그릇에서 입으로 올리는
것도 귀찮을 때가 있다. 게으름의 주제가 아니더라도 실제로 인
간의 기능이나 전반적인 건강성은 아동기와 성인기까지는 점차
증가하지만 성인 후기로 진행되면서 신체적·정신적 기능과 능력
이 어느 정도는 줄어든다. 물론 그 능력이 감소하는 변화 패턴은

개인에 따라 다르고, 그 변화 원인 역시 유전, 성격, 동기, 생활 습관, 사회문화적 배경 그리고 학습경험 등 생물학적인 요인과 사회·환경적인 요인들과의 복잡한 상호작용에 의한 결과이다.

활동(活動)적 노년, 액티브 에이징의 핵심 용어인 '성공적 노화'는 신체, 정신, 정서, 관계 등 다양한 삶의 자리의 평균값으로 나타난다. 그중 정기적인 신체 활동은 신체적으로나 심리적·사회적인 강점이 있고, 그중 신체 활동에 의한 신경생물학적 변화는 뇌의 구조적 강화 및 기능적 연결의 향상을 촉진하는 것으로 알려져 있다. 사람의 뇌는 지속적인 연습으로 운동 기술을 습득하는 과정인 운동을 포함한 학습 및 경험에 의해 다양한 뇌 부위의 형태적 가소성을 야기하며 구조적으로 변화한다. 신체 활동과 운동은 뇌세포 생성에 영향을 미치고, 특히 해마의 내피세포 증식과 혈관세포 생성이 증가해 뇌 중량, 뇌 구조, 뇌 기능 등의 변화에 긍정적 영향을 미친다.[5]

그렇다면 어떻게 활동이 뇌를 자극하고 활성화시킬 수 있다는 말인가? 운동이 뇌의 활성화에 미치는 영향을 보면, 움직임이 중년 이후 뇌에 매우 중요한 영향을 미치며 매력적인 결과를 낳는다는 것을 알 수 있다. 뇌를 적극적으로 자극하고 활성화하는 방법 중 운동학습의 효과를 보면 활동이 뇌에 어떤 영향을 미치는지 볼 수 있다. 운동학습은 연습이나 경험을 통해 운동 기

운동학습에 관여하는 뇌의 부분

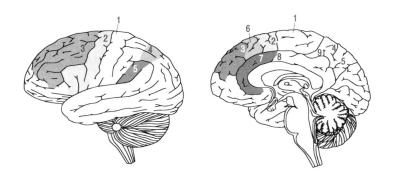

※ 출처: 김덕용·주소영·유수진(2010), 운동학습과 관련된 뇌 신경구조. Brain & NeuroRehabilitation. vol. 3. No. 2. 64~69.
65쪽 그림을 수정.

술을 향상시켜 보다 숙련된 기술을 획득하는 과정으로, 상대적
으로 영구적인 변화를 가져온다. 대개 재활 운동 과정에서 주로
사용하는 방법이지만, 그 과정은 대부분의 운동 및 새로운 영역
에 대한 학습 과정과 공통된다.

운동학습은 초기 단계에는 익히고 경험하는 매우 느린 수행을
시작하며 그 움직임이 불규칙적이고 수행 시간도 사람마다 다양
하며 주의 집중을 요하게 된다. 그러다가 감각−운동 지도가 점
차적으로 구축되어 속도가 점차 빨라지고, 성숙 단계에 들어서면
빠르고, 자동화되고, 숙련된 운동 수행을 보이게 된다.

우리는 실제 자신의 뇌를 본 적이 없다. 그리고 그 작동이 어

떻게 일어나는지도 도무지 알지 못한다. 그러나 최근 기술의 진보는 눈앞에 나의 뇌를 내어 보이고, 머릿속 반응을 영화 보듯 선명하게 보여 준다. 어떤 뇌 부위가 어떤 역할을 하는지에 대한 관심은 기능적 자기공명 촬영, 양성자 단층 촬영 등 신경 이미징 (neuro-imaging) 기술이 개발되면서 돌파구가 마련되었다.

위 운동학습은 초기 운동학습이 나타날 때에는 등 외측 전전두엽(4)과 전방대상엽(5)이 활성화되고 곧이어 전전두엽(4)과 전 보조운동영역(6) 간 연결이 진행된다. 이후 기억을 축적하고 인출하는 과정에 대상엽(5), 우측 하두정엽(9), 소뇌(3) 부위가 관여하고, 공간에서의 움직임이 동반될 때에는 우측 후두정엽(9)과 외측 전운동피질(7)로 이어지는 신경회로가 관여하면서, 보조운동영역(6), 일차운동피질(1), 기저핵(2) 등이 활성화된다. 특히 운동학습에 관여되는 대뇌 피질은 일차운동피질(1), 전전두엽(4), 보조운동영역(6), 전운동피질(7), 대상엽(5), 하전두엽(8), 하두정엽(9), 상후두정엽(9) 등이다.[6] 복잡하지만 한 번 알아 놓고 두 번 외워 두면 어디 가서 할 말이 많아지는 게 뇌이다. 머리를 만져 가며 뇌의 부위를 상상하고 말을 걸어 보자. 보다 쉽게 뇌의 자리를 외우게 될 것이다.

하여간 이 뇌 부위들은 끊임없이 대화하며 서로 간의 소통을 멈추지 않고 협업을 이어 간다. 특히 이 복잡한 뇌의 협업과 네트워크로 이어진 연속적인 움직임은 일상 속에서 중년 이후의 뇌에서 선명한 결과를 낸다. 일상생활에서 시니어들의 활동 빈도가 연령 대비 어떤 결과를 내는지에 대한 연구는 상당히 많다. 그리고 그 연구들의 대부분은 일상생활에서 높은 활동 수준을 보인 노인들이 단어 회상과 다중학습에서 더 나은 수행 결과를 내었고, 능동적인 생활양식을 가진 시니어들은 단어를 즉각 회상하거나 힌트를 하나 정도 주고 단어를 유추하게 하는 단서회상에서 더 높은 수준의 기억 수행을 보였다. 특히 도전적인 활동을 선호할수록 이름 회상이나 숫자 외우기 같은 기억 수행에서 더 좋은 결과를 내었다. 이렇다 보니 어떤 연구에서는 인지 활동에 얼마나 자주 참여하는지가 기억 수행 수준을 예측하는 기준이 될 수 있다고 보기도 한다.[7]

나이가 들면서 운동 능력이 감소하는 것이 일반적인 노화 진행과정이지만, 그 반대로 운동이나 신체 활동을 통해 감소하는 운동능력을 유지하고 증진시켜 나가면 뇌 신경계의 변화를 통해 신체적인 건강뿐 아니라 신경계의 건강성을 유지하고 증진시킬 수 있다. 운동학습은 신체운동이 수반되는 반복적인 연습을 통해 운동기능을 습득하게 되는 과정인데, 운동학습이 일어남에 따라 일반적인 시냅스 수의 증가는 물론 다중 시냅스의 수 또한 증가함에 따라 시냅스의 강도와 효율이 증대되는 것으로 알려졌다. 특히 이러한 현상은 소뇌뿐만 아니라 대뇌 운동피질에서도 관찰

되며, 전전두엽 그리고 해마 부위에서도 운동학습에 의해 신경세포의 수상돌기 수가 증가하는 것으로 보고되고 있다.

움직임이 나이 들어 가는 뇌를 붙잡고 활성화시킨다는 연구들은 지속적으로 나오고 있다. 콜콤브 연구진이 fMRI를 이용한 연구 결과에서, 꾸준히 유산소 운동에 참여한 노인 그룹이 고도의 집중력을 요구하는 복잡한 과제를 더 신속하게 해결하였으며, 주의력과 작업기억(working memory)을 수행하는 뇌 부위의 활성화 정도가 더 높은 것으로 나타났다.[8] 또한 지역 여성 노인들에게 기초선 검사 후, 6년이 지난 시점에 인지검사를 실시하였다. 그 결과, 높은 신체 활동 수준을 가진 여성 노인 그룹에서 인지 능력 감소가 훨씬 더 적은 것으로 나타났다. 걷기 그룹에 참가한 노인들을 대상으로 한 연구에서도 신체적으로 활동적이지 않은 그룹에 비해 억제 제어 능력, 선택적 주의 집중 능력에서 더 우수하게 나타났으며, 지속적인 운동 프로그램은 인지 능력 감소를 막을 수 있는 중요한 수단이 되었다.[9]

그러니 움직여야 한다. 이미 숱한 연구에서 밝힌 바, 어디를 얼마나 움직이든 간에 지속적인 움직임이 뇌를 활성화한다는 점은 한결같다. 이를 테면 카르마(Karmi, 1995) 등은 건강한 피험자에서 순차적인 손가락 움직임의 패턴을 fMRI를 사용하여 매일 10-20분씩 3주간 훈련한 결과, 훈련받지 않은 대조군에 비하여 뇌 운동영역의 활성화 영역이 더 확대될 뿐 아니라 학습된 운동 능력을 반영하는 대뇌피질의 변화는 수개월 동안 지속되는 것을 확인했다. 어디 그뿐인가! 대표적인 신경전달물질에는 행복감에 관여하는 엔돌핀, 스트레스 조절 호르몬 아드레날린, 숙면과 안정감을 좌우하는 멜라토닌을 조절할 뿐 아니라 도파민은 최종적으로 창조력을 담당하는 전두엽에 도달하는 폭넓은 부위를 거치며 폭발적인 창조성과 행복감을 만들어 낸다.

창조적인 액티브 시니어가 되고자 한다면, 창조적 움직임으로 활동적 일상을 만들며 노년을 향해 마음의 근육과 뇌의 성장을 지원해야 할 것이다. 운동의 방식은 한결같다.

— 단일 운동보다는 복합 운동으로.

— 혼자 하는 운동보다는 함께하는 운동으로.

— 몸의 운동에 정신과 협업체계를 갖춘
  리듬이 달린 운동으로.

— 더 자주 움직일 수 있는 운동으로.

— 나의 수준에 맞는 운동으로.

기억 전략:
기억도 기술이다

"지혜를 낳는 것은 백발이 아니라 배움의 의지와 실행이다."
이호선

예전 같지 않지만, 우리는 늘 기억하려고 애쓴다. 어떤 기억이든 '정보−입력−망각−기억'의 과정을 거쳐야 비로소 우리에게 '맞아! 그거!'라는 말까지 이어진다. 기억은 반드시 망각을 전제로 하는데 망각은 무(無)와는 다르다. 잊어야 기억할 수 있다니 기막힌 아이러니이지만, 기억으로 되살아날 수 있다면 망각하고 있는 과거는 사라진 것이 아니라 의식 혹은 무의식 상태에서 지속하는 셈이다.

기억이라는 주제는 현재나 과거나 매우 매력적이고 호기심을 발동시키는 주제였나 보다. 중세 철학자 어거스틴도 《고백록》 제 10장에서 기억에 대해 언급한다. 어거스틴이 기억의 체계나 구조를 조명하려고 한 것 같지는 않으나, 자신의 회상과 내적 성찰을 토대로 기억을 감각적(sensible) 기억, 지적(intellectual) 기억, 기억들에 대한 기억(회상. 감정과 격정의 기억 그리고 망각의 기억)을 구분한다.

철학자 베르그송은 《물질과 기억》에서 기억을 '습관-기억'(souvenir-habitude)과 '이미지-기억'(l'image-souvenir)으로 구분한다. 습관-기억은 기계적인 반복을 통해 신체에 남아 있는 운동 습관을 말하는데, 이 기억은 필요한 부분만 자동기제로 작동시키고 나머지는 억제한다. 한편 이미지-기억은 삶에서 겪은 모든 경험이 각기 독특성을 가지고 이미지 형태로 특별한 노력 없이도 순간순간 반복되는 비신체적인 기억을 말한다. 그리고 이미지-기억은 필요한 순간에 과거의 기억을 현재맞춤형으로 소환하도록 돕는데, 그 모든 기억을 담아 놓은 공간을 베르그송은 순수 기억(la m moire pure)이라고 말한다. 순수 기억은 우리의 과거 모든 상태가 하나도 분해되지 않고 온전히 하나의 전체적 유기체를 형성하여 이루고 있는 상태를 말한다.[10] 그런데 정말 그런 순수 기억이 있기는 한 건가?

순수 기억이건 어떤 것이건 중요한 것은 기억이 나야 한다는 점이다. 기억을 강화하는 방법은 없을까? 기억 기술이 도움이 될

것이다. 오래전부터 기억 훈련을 위한 인류의 노력은 이어져 왔
다. 그리고 경험적으로 잘 기억하고 학습을 훌륭히 해내는 사람
들의 방법들을 모아, 로빈슨은 PQ4R로 요약했다. 즉, P(Preview)
예습, Q(Question) 질문, R(Read) 읽기, R(Reflect) 정리, R(Recite) 암기,
R(Review) 복습이다. 예습(Preview)은 Pre-(미리)+view(보다)처럼 직접
학습에 들어가기 전에 미리 슬쩍 정보를 알아 놓는 것으로, 대상
에 대해 전체적인 그림을 그리고 예상을 할 수 있도록 하며 두려
움을 줄일 수 있다. '질문'은 앞서 본 내용 중 스스로 질문을 해보
고 알고자 하는 부분에 대해 목록을 만들어 놓는 과정을 말한다.
'읽기'는 문제를 생각하면서 해답을 찾기 위해 글을 꼼꼼히 읽는
과정을 말하며, '정리'는 읽으며 분명치 않았던 부분을 정리하고
이를 기억에 용이한 형태로 그려 보는 과정이다. '암기'는 기억에

PQ4R 기억법

기억 전략: 기억도 기술이다

의존하여 정리된 바를 마음속이나 말로 실행해 보는 과정을 말하며, 마지막으로 '복습'은 Re-(다시)+view(보다)처럼 내용을 다시 읽으면서 답과 내용을 확인하고 주제를 중심으로 전체 의미를 재구성하는 과정을 말한다.

모두가 동의하는 바이나, 중년 이후 기억법은 조금 더 구체적일 필요가 있다. 전통적으로 중년 이후 기억력을 향상시키는 방법으로는 반복과 연습, 시청각 등 복합감각을 사용하게 하거나, 주변의 소음과 같은 것들을 제거해 간섭을 최소화하는 방법들을 사용해 왔고, 이러한 기억 훈련을 구체화하여 크게 2가지 유형으로 나누어 진행해 왔다. 첫째, '일시적인 전략 훈련'이다. 일시적 전략 훈련은 훈련 시간을 한 회기 정도로 매우 짧게 두고, 특정한 전략 하나만을 집중적으로 훈련하게 하는 방법이다. 두 번째 방법은 회기를 몇 개로 나누고 전체 훈련 시간이 4-15시간 정도에 이르는 보다 '장시간의 훈련' 프로그램이다. 그러나 전통적인 기억 향상 프로그램은 참가자들에게 무엇을 어떻게 해야 하는지와 같은 전략을 일방적으로 가르치는 특징이 있다. 기억 훈련을 통해서 배운 전략들은 길게는 몇 달 정도 지속되며, 훈련 과정에서 배운 바로 그 과제에만 한정되는 효과를 보였다.[11]

게다가 노인들은 젊은 사람들보다 자발적으로 기억 전략을 사용하는 것이 쉽지 않았고, 노인들은 주변에서 이런 기법을 사용하도록 격려하거나 방법을 떠올리도록 자극을 받지 않으면 기존에 학습한 기법들을 사용하지 않았다. 또한 기억 수행 향상은 훈련 과정에서 사용했던 과제와 매우 유사한 과제에서만 나타났으며 심지어 기억 향상의 효과가 짧았다. 더 나아가 실험실 밖에서 이 목표는 거의 달성되지 못했다. 물론 전통적인 기억법이 긍정적인 결과를 내어 기억 향상이 1주에서 길게는 6개월 유지된다고 보고하였지만 어떠한 요소들이 성공적인 훈련 유지에 기여하는지는 명확하지 않다. 또한 그 효과의 지속성 문제가 생긴 것과 더불어 저항이 심한 노인들의 경우 결과를 예측하기가 어려웠고, 주의 집중력이나 과제 친숙도, 자기 효능감이나 기억법을 잘 쓰고 있는가에 대한 통제감 등 복잡한 문제들이 나타났다. 기억 향상을 일으키고 유지시킬 뿐 아니라 노인들이 기존에 가지고 있는 기억 문제를 감소시킬 수 있는 프로그램이 필요하다.

결정적 지능과 유동적 지능에 대해서는 앞서 살펴보았지만, '의미'는 경험적 해석을 발판으로 하기에 중년 이후 학습과 기억에 중요한 역할을 한다. 그리고 우리의 시행착오 경험은 중년 이후 자기기억을 극대화하는 데 대단히 중요한 역할을 한다. 사실 어떤 것을 단순히 기억한다는 것은 무의미할 수 있다. 만일 의미를 부여하고 이를 학습 차원으로 끌어올리면 결과는 달라질 수 있을 것이다. 학습할 때 뇌의 기능은 주로 이해력, 집중력, 기억력, 창의력 등으로 구성되는데, 이때 배운 것을 잘 기억한다는 것은 뇌 속에 스키마, 즉 기억 속에 축적된 지식 구조가 풍부해지면서 다양한 지식과 정보의 켜를 갖게 되어 창의성과 집중력을 적극 지원하게 된다. 즉 기억이 많으면 학습 능력이 올라간다. 기억을 집중시키고 기억을 확대하기 위해 우리는 다양한 기억 책략을 이미 사용해 왔고 지금도 사용 중이다.

자, 여러분의 기억 책략은 어떤 것이고 몇 개나 사용하고 있는가? 기억 책략이 다양하고 자주 할수록 여러분은 양질의 기억을 오랫동안 가지고 있을 가능성이 높다.

기억 책략 사용 질문지[12]

다음의 질문에는 기억을 잘하기 위해 사용할 수 있는 여러 가지 방법들이 적혀 있습니다. 각 문항을 읽고 최근 1년 사이에 기억을 잘하기 위해 이런 행동들을 얼마나 자주 하였는지 해당되는 곳에 체크하세요.

	항목	응답		
		하지 않는다	가끔 한다	자주 한다
1	언제 무엇을 해야 할지 기억하기 위해 알람시계나 타이머를 사용하십니까?			
2	기억해 낼 수 있도록 다른 사람에게 일깨워 달라고 부탁하십니까?			
3	기억하고자 하는 단어나 이름들을 말소리가 비슷한 것끼리 함께 묶어 외우십니까?			
4	기억하기 위해서 상황이나 장면을 머릿속에 그려 보십니까? (예를 들어 이름을 기억하기 위해 얼굴을 떠올린다.)			
5	약속이나 해야 할 일들을 달력에 적어 놓으십니까?			
6	단어나 이름을 기억해 내기 위해서 가나다순으로 한 글자씩 떠올려 생각해 보십니까?			
7	기억하고자 하는 정보를 잘 정리해서 외우십니까? 예를 들어 장 봐야 할 물건들을 종류별로 외우십니까?			
8	기억을 잘하기 위해 방금 들은 것을 소리 내어 이야기해 보십니까? (예를 들어 방금 들은 전화번호.)			
9	중요한 일들을 기억하기 위해서 습관처럼 하는 행동이 있습니까? (예를 들어 집을 나서기 전에 지갑이나 열쇠를 확인하기.)			
10	해야 하는 일들이나 사야 하는 물건의 목록을 만들어서 사용하십니까?			

기억 전략: 기억도 기술이다

항목		응답		
		하지 않는다	가끔 한다	자주 한다
11	기억하고자 하는 것을 머릿속으로 자세히 그려 보십니까? (예를 들어 세부적인 부분들에 집중해서 그것들을 머릿속에 그려보기.)			
12	어떤 일을 해야 한다는 것이 나중에도 기억나도록 눈에 띄는 곳에 물건을 두십니까? (예를 들어 우산 챙기는 것을 잊지 않도록 문 옆에 두기.)			
13	어떤 것을 오래 기억하기 위해 시간을 두고 그것을 반복해서 되뇌이십니까?			
14	기억해야 하는 정보들을 함께 묶어서 이야기를 짜 보십니까?			
15	기억하고자 하는 것들을 수첩에 적으십니까?			
16	기억해야 하는 것들의 첫 번째 글자만 따서 단어를 만들어 기억하십니까? (예를 들어 사과, 공책, 선물을 외우기 위해 "사공선"이라고 만들어 기억하기.)			
17	나중에 기억해 낼 수 있도록 의도적으로 매우 주의를 기울이십니까?			
18	기억을 돕기 위한 메모를 수첩이나 달력 이외의 다른 곳에도 하십니까?			
19	어떤 일을 기억해 내야 할 때, 자신이 했던 행동들을 마음속으로 차근차근 다시 떠올려 보십니까? (예를 들어 어떤 물건을 어디에 두었는지.)			
합계				

※ 총 19문항으로 구성되어 있고 3점 척도(0: 하지 않는다, 1: 가끔 한다, 2: 자주 한다)로 평정하도록 되어 있으며 최고점은 38점이다. 점수가 높을수록 기억 책략을 많이 사용하며, 그만큼 기억을 잘하기 쉽다.

좋은 습관을 가져라:

기억력을 강화하는 좋은 습관들

"습관의 고리는 인식할 수 없을 정도로 너무 약해 보인다.
그러다가 끊어 버릴 수 없을 정도로 막강해진다."
워렌 버핏

국민체조가 운동이 되겠나 싶었다. 그런데 이젠 한 세트하고
나면 땀이 나고 뻐근했던 몸이 풀린다. 이게 웬일인가? 전철이
나 버스라도 타려면 준비운동이라도 해야지 그냥 타고 가다가 자
리에서 일어날 때면 '우득' 하는 소리와 함께 허리 통증이 오거나
담이 결리는 일도 수두룩하다. 언젠가부터 매일 아침 국민체조
를 하고 있다. 습관이 되기를 바라는 마음에서이다. 이 다짐은 치
매인 내 시아버지의 습관에서 배운 교훈이다. 구순이 넘은 내 시
부는 치매 판정을 받은 지 10년이 다 되어 간다. 점차 기능이 떨

어지기는 하나 여전히 아침이면 일어나 팔다리를 살살 휘두르며 국민체조를 한다. 그리고 우리말 성경과 영어 성경 그리고 일본어 성경을 매일 빠짐없이 몇 장씩 쓰신다. 쓰고 나서도 썼는지 기억하지 못하는 그 행동이 10년째다. 운동 때문인지 쓰기 때문인지 무엇 때문인지 이유는 몰라도, 시부의 치매 진행은 놀라울 정도로 느리고 오락가락하는 가운데 빠짐없이 유머를 보여 주신다. 후회할 게 많아 보일 것 같은 구순의 나이에 말이다.

우리에게 기억력 감퇴는 불행일까? 다른 기능을 기꺼이 활용할 기회일까? 적어도 노화로 약해진 뇌 기능을 활성화시키는 생활습관을 개발할 기회는 될 것이다. 기억을 관장하는 뇌 부위인 해마에는 '뇌줄기세포'가 있기 때문에, 일상생활에서 올바른 습관을 유지하면 평생 동안 뇌신경세포가 만들어지면서 기억력이 다시 좋아지고 오래 유지된다(앞서 뇌의 신경가소성 부분을 다시 읽어 보라. Review!).

기억을 담당하는 측두엽과 전두엽을 활성화시키면 세포 수가 줄더라도 기억력은 지킬 수 있다. 액티브 시니어의 기억력 강화 방법은 기억력을 강화하는 좋은 습관들을 통해 뇌의 신경가소성을 극대화하는 것일 수 있다. 다음의 방법을 통해 뇌의 신경가소성을 높여 보자.

새로운 관심 분야 공부하기:
뇌 활성화와 기억력 강화의 정수!

액티브 시니어라고해서 독서와 같은 활동만 할 필요는 없다. 독서도 기억력 향상을 돕지만, 기억력은 새로운 공부를 할 때 가장 강화된다. 독서와 같은 익숙한 취미나 익숙한 활동보다는 새로운 사실과 지식을 접할 수 있는 새롭고 도전적인 분야가 뇌를 자극해 기억력에 더 도움이 된다. 우리 뇌는 여러 개념을 연결하고 정리하는 과정을 반복하면서 뇌세포 사이의 연결 회로가 강화된다. 약간 어렵고 도전적인 과제는 기억력을 강화한다. 단순 암기보다 철학이나 수학같이 적극적으로 생각하고 고민해야 하는 공부일수록 효과가 좋다. 이런 면에서 관심 있는 분야에 대한 다소 어렵거나 낯선 도전은 매우 효율적이다. 뇌는 쓸데없다고 생각되는 것은 기억하려 하지 않으므로 기억력 강화만을 위해서 아무 의미나 필요가 없는 공부를 억지로 하면 효과가 덜하다.

읽으며 요약·메모하기:
PQ4R의 실천, 뇌기능 파수꾼!

메모와 필기는 정보를 확인하고 전체 내용 기억력을 높이고, 기억력 유지와 강화를 위한 정보처리 기능 유지에 직접 도움을 준다. 책이나 신문 기사를 읽으면서 내용을 요약하고 평가를 간단히 메모하는 습관을 가지면 기억력이 증진된다. 메모한 뒤에 다시 읽어 보면서 내용을 재정리하면 해당 내용을 기억하는 것 이상으로 두뇌의 기억 능력 자체 강화에 효과적이다. 상대방과의 대화를 적거나 일기 쓰기, 강연 내용 등을 메모하는 것도 좋다. 모두 적는 것은 의미를 떨어뜨리겠지만, 적지 않는 것보다 적는 것은 비교할 수 없는 뇌 파수꾼 역할을 한다.

충분히 자기:
기억력과 성격을 위한 안전장치, 잠!

죽으면 매일 잔다지만, 인간에게 잠은 죽음이 아니라 창조를 위한 준비 기간이다. 하루 동안 받아들인 정보를 뇌에 잘 저장하려면 잠을 충분히 자야 한다. 수면이 부족할 경우 새로운 기억을 생성하고 유지하기 위해 필요한 뇌기능이 떨어진다. 총 수면량의 20-25퍼센트를 차지하는 렘수면 중에는 뇌파의 한 종류인 '세타파'가 흐르는데, 세타파는 정보가 뇌에 오랫동안 저장될 수 있도록 돕는다. 렘수면을 취하지 않으면 기억력이 떨어진다는 연구 결과가 많다. 그런데 렘수면량은 총 수면량에 비례하기 때문에, 잠을 적게 자면 정서적 안정에 필수적인 렘수면 시간도 줄어든다. 짧은 수면 시간 혹은 좋지 않은 수면의 질은 건망증뿐 아니라 집중력 감소나 감정 제어에도 문제를 일으킬 수 있다. 따라서

한 번 잠들면 중간에 깨지 않고 오랫동안 잘 수 있도록, 한 번을 자도 숙면할 수 있게 자기 전 반신욕을 하거나 적당한 운동을 하는 습관을 갖는 게 좋다.

규칙적인 운동을 하라:
뇌를 선명하게 하는 산소통, 운동!

유산소 운동을 포함하여 어떤 종류의 운동이건 규칙적인 움직임과 운동은 뇌에 산소와 영양을 원활하게 공급하게 하여 뇌기능 활성화와 기억력과 집중력 향상을 돕는다. 미국 일리노이 대학교 어바나 샴페인 캠퍼스의 연구팀이 노인 60명을 두 그룹으로 나눠, 각각 근력 운동과 걷기 운동을 1년간 시켰다. 그 결과, 유산소 운동이 기억력 강화에 도움이 된다는 걸 보여 주었다. 유산소 운동을 하면 산소와 영양분이 뇌로 잘 공급된다. 일주일에 세 차례, 매번 한 시간 정도 걷는 게 가장 좋다. 요가나 명상은 필요 없는 자극에는 뇌가 반응하지 않게 만들어 주기 때문에, 필요한 정보에만 집중해서 기억이 잘 되도록 도와준다. 운동을 꾸준히 하는 데 어려움이 있다면, 산책, 걷기, 조깅 등 가벼운 운동을 계속하는 것도 도움이 된다.

긍정적인 생각을 습관적으로 하라:
적극적 감정 표현은 우울증 예방과 창조성 강화!

긍정 자극은 도파민을 통해 창조적인 결과를 내기 쉬우며, 특정 자극을 받았을 때 느낀 감정을 겉으로 표현하면 나중에 그 사건을 기억하기 쉽다. 스탠퍼드 대학교의 제임스 그로스(James Gross)와 텍사스 대학교의 제인 리처드(Jane Richard)가 발표한 연구 결과에 따르면, 57명에게 감성 영화를 보게 한 결과 감정 반응을 숨기려고 한 사람들이 영화 내용을 가장 잘 기억하지 못하는 것으로 나타났다. 한편 이 연구팀은 위의 대상과 별도로 175명을 상대로 절반은 영화를 보면서 얼굴 표정에 나타난 감정을 억누르게 하고 나머지는 같은 영화를 보면서 다른 생각을 하도록 한 결과, 양쪽 모두 영화 내용을 회상하는 데 비슷한 어려움을 겪었다. 이는 정보를 저장하고 감정을 느끼게 하는 뇌 부위가 같기 때문이다. 스트레스호르몬인 코르티솔이 과도하게 분비되면 뇌의 기억세포를 손상시키고 기억력이 저하되기 쉽다.

정기적으로 사람을 만나라:
사회적 관계망, 지식 네트워크!

사회적 관계와 유대감은 스트레스 해소와 생애 행복감에 중요한 주제어이다. 사람은 평균적으로 150개의 우정을 간직할 수 있고 친밀도에 따라서 5단계로 구분해서 가장 가까운 사람부터 먼 사람으로 차등 인식한다. 친밀도가 높은 사람들과의 잦은 접촉은 물론 멀다고 생각한 사람들의 관계조차 시니어들의 인지 유지와 발달에 도움이 된다. 또한 카톡, 트위터나 페이스북과 같은 사회관계망(SNS), 심지어 온라인 게임 사용자 간의 우정도 일반적인 우정과 큰 차이를 보이지 않는 것으로 나타났다. 전통적인 대면 중심의 사회관계가 비대면 온라인으로 옮겨 가도 똑같이 작용한다는 것이다. 정기적인 망은 관계망이자 인지 사용망으로 뇌를 활성화시킨다.

학습 관계망을 형성하라:
'무엇'이 아니라 '어디서'!

뇌는 새로운 환경에 새로운 신경망을 구축한다. 뇌 신경가소성 현상은 뇌와 함께 나이 들어 가는 줄 알았던 액티브 시니어들에게 숨을 불어넣는다. 뇌 신경가소성을 잠시 다시 설명하면 이렇다. 일반적으로 사람이 새로운 기술과 정보를 습득하면 뇌는 신경 맵, 네트워크, 수많은 뉴런과 시냅스로 구성된 경로 또는 회로를 바꾸게 되는데 새로운 학습에서도 왕성한 뇌신경계의 신경생리적 변화가 나타난다. 이 때문에 우리가 새로운 영역을 학습하거나 특정 경험과 자극에 반복적으로 노출되는 경우, 이와 관련되어 있는 신경들은 새로이 연결되어 자극에 반응하는 연결 고리를 형성하게 된다. 곧 학습과 관련된 노력 혹은 반복된 경험은 기존 피질 구조에 변화를 일으키는 것으로 알려져 있다. 이런 뇌신경가소성은 아동과 청소년들처럼 발달 과정 중에 있는 뇌는 훈련이나 학습에 의해 더 큰 변화 가능성과 유연성을 가지고 있지만, 연령과 시기에 상관없이 새로운 신경 생성 및 신경연접 (neuronal synapse, 한 개의 신경세포가 다른 신경세포에 접촉하는 부분) 생성을 통해 인지 및 운동기능을 증진시킬 수 있다는 연구 결과들이 제시되고 있다.

새로운 학습은 모든 뇌를 사용하도록 도우며 우리의 그릿을 높인다. 활동성을 동반하고 기억력을 향상시키는 환경을 만나는 좋은 습관이 시니어 시기 우리 두뇌에 르네상스를 가져온다. 이런 새로운 학습+모든 뇌 사용+그릿+활동성+기억력 향상 환경+좋은 습관을 충족하는 장은 학습 관계망을 구축하는 것이다.

중년 이후 능력은 팩트가 아니라
의미와 해석으로

"참견이 아니라 걱정이 되어 그러느니라. 흰머리가 되도록
긴 세월에 아시는 게 많으니라. 그대에게 권하노니 늙은이의 말씀을
공경하여 받들고, 젖내 나는 입으로 옳고 그름을 다투지 말라."
《명심보감》

삼위삼거(三爲三去). 세 번 나아가고 세 번 물러선다는 뜻이다.
춘추시대 초나라 장황 때 명재상으로 알려진 손숙오(孫叔敖)는 세
번이나 재상이 되었지만 그것을 영광으로 생각지 않았고, 다시
세 번에 걸쳐 쫓겨났음에도 걱정이나 아쉬운 기색이 전혀 없었다.
사람들이 그 이유를 묻자 손숙오는 이렇게 답한다. "내가 세 번
나아가고 세 번 물러난 것이 맞습니다. 그러나 그것이 나 때문인
지 다른 이유인지 알 수 없지요. 다른 이유라면 기뻐하거나 우려
할 일이 없는 것이고, 나 때문이라면 당연한 것이니 내가 기뻐하

거나 걱정할 일이 없지 않습니까." 손숙오는 팩트가 아니라 해석으로 자신을 보여 준다.

현실에 대한 해석처럼 우리의 기억 역시 '절댓값'이 아니다. 인지심리학자들은 오래전부터 기억은 시간이 흐름에 따라 재건된다고 보았다. 인지심리학자 프레드릭 바틀렛(Frederic Bartlett)은 1932년 실험 참여자들을 모집한 후 '유령들의 전쟁'이라는 미국 원주민 전설을 읽게 한 뒤, 몇 년에 걸쳐 다시 떠올리게 하는 실험을 했다. 바틀렛은 시간의 흐름에 따라 이야기에 대한 기억이 개인별로 '도식화'된다는 것을 발견했다. 피험자들은 이야기의 전반적인 큰 맥락은 기억했지만 세부적이고 세세한 것은 잊어버렸다. 또한 이야기에 등장한 낯설거나 이해되지 않았던 부분을 자신이 이해하기 쉽거나 더 친숙한 것으로 바꾸었다. 실험 당시 20세기 초반의 영국인들 기억 속에 매우 낯선 단어였던 바다표범 사냥은 낚시로 바뀌었고 카누는 보트로 바뀌었다.

또 한 가지! 1901년 12월 4일 독일 베를린 대학교에서 프란츠 폰 리스트(Franz Von Liszt) 교수가 프랑스의 법학자 가브리엘 타르드(Gabriel Tarde)의 이론에 대한 소개를 막 끝냈을 때 갑자기 두 여학생이 언쟁을 하다 급기야 한 여학생이 권총을 빼 들고 이내 총성이 강의실에 울려 퍼졌다. 당시 강의실에서 장면을 목격한 학생들은 큰 충격에 휩싸였다! 그러나 사실 그 권총은 장난감이었고 총성은 녹음 소리였을 뿐 총알은 발사되지 않았다.

이것은 슈테른 교수가 '사람의 기억력을 신뢰할 수 있는가?' 하는 문제에서 출발해 고안했던 아찔한 실험이었다. 이 문제는 특히 목격자의 진술에 따라 유죄가 무죄로 결정되는 법정에서 중요한 의미를 가진다. 그러나 진짜 실험은 그 뒤에 시작되었다. 이 범죄 현장을 목격한 사람 중 15명을 선별하여 당시 상황을 말이나 글로 진술하게 했다. 단, 시간을 나누어 3명은 당일 저녁과 다음 날 낮에 했고, 9명은 일주일 후, 그리고 나머지 3명은 5주나 지나서 진술하도록 했다.

범죄의 징후가 보일 때부터 총성이 울릴 때까지를 총 15단계로 나눠서 진술하게 했는데, 놀랍게도 정확히 진술한 사람은 단 한 명도 없었다. 심지어 오류의 비율은 27-80퍼센트에 달했다. 대부분의 참가자들이 당시 상황을 잘 기억하지 못할 뿐만 아니라 심지어는 없었던 이야기를 지어내기도 했다. 전혀 말을 하지 않았던 청중들이 이런저런 말을 했다고 하는가 하면 언쟁을 펼치던 두 사람이 추격전까지 벌였다고 하기도 했다. 일명 '살인 목격 실험'을 고안했던 슈테른 교수는 목격자들에 의한 진술이 믿을 만하지 못하다는 결과를 '명확히' 끌어냈다.

기억은 짧게 기억했다 사라지는 단기 기억과 오랫동안 기억하는 장기 기억으로 나뉘고, 장기 기억은 다시 외현 기억과 암묵 기억으로 나뉜다. 외현 기억은 명확한 기억으로 과거에 어떤 특정 사건을 기억하고 있다는 점을 알고 있는 상태, 즉 어제 먹은 저녁 메뉴를 기억하는 것 등을 말하고, 암묵 기억은 내포된 기억으로 의식적 자각은 없지만 현재 상태나 판단에 영향을 미칠 수 있는 기억을 말한다. 좀 복잡해 보이지만 간단히 그림으로 정리하면 보다 쉽다.

기억의 종류와 관계

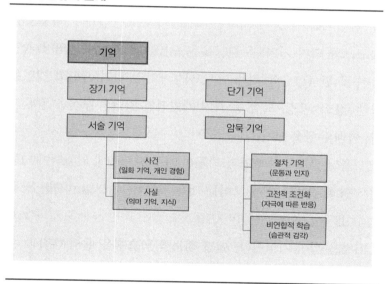

'야, 20년 만에 자전거를 타는데 어째 이게 되는구만!' '절차 기억' 덕분이다. 절차 기억은 지각, 운동, 인식 기술을 유지하고 무의식적으로 표현할 수 있게 해준다. 아주 오랜만에 차를 운전하거나 자전거를 타거나 운동화 끈을 매거나 머리카락을 땋을 수 있는 이유는 바로 이 절차 기억 때문이다. 다른 한 가지는 '서술 기억'이다. 서술 기억은 세계에 대한 사실(fact)과 믿음으로 이루어진다. 예를 들어, 여름은 덥고 겨울은 춥다, 지구는 둥글고 꽃은 향기롭다 등이 있다. 토론토 대학교의 유명한 신경과학자 엔델 털빙(Endel Tulving)에 의하면, 서술 기억에는 삽화 기억(episodic memory)과 의미 기억(semantic memory)의 2가지가 있다. 의미 기억은 주로 반복학습에 의해 습관으로 새겨진 것이고 삽화 기억은 시간, 장소, 감정, 지식 등 과거 개인적인 경험의 모음을 말한다. 자, 아래 문장을 보자.

"보름달이란 달이 태양과 지구의 서로 반대쪽에 위치하여 지구에서 달의 전체가 밝게 보이는 것을 말한다. 만월(滿月) 또는 망월(望月)이라고도 한단다!"

이것은 의미 기억이다. 어떤 정보를 학습했을 때의 맥락과 관련이 없는 일반적 지식을 말하며, "대한민국의 수도가 서울이고 예루살렘은 이스라엘의 수도지", "9의 제곱은 81이다"처럼 일반적 지식을 담고 있다. 의미 기억은 자신에 대한 사실을 포함할 수는 있어도 자신에 대한 주관적인 언급은 하지 않는다. "내 머리는 갈색이야. 난 강원도 대관령에서 태어났어." 의미 기억은 세계에 참여하는 사람의 관점이라기보다는 세계를 관찰하는 사람의 관점에서 지식을 제공한다. 의미 기억이라고 해서 '의미'를 담고 있을 것이라 생각하면 안 된다. 그저 'semantic memory'를 번역할 길이 없어 선택한 피치 못할 결과일 뿐. 의미 기억은 그저 지식만 담아내는 단순 지식 창고라 생각하면 된다.

"네가 태어난 3월 27일에 할머니가 병원 정원에서 봤던 달은 세상에 둘도 없이 밝은 달이었단다!" 이건 삽화 기억이다. 개인이 경험한 특정한 시간과 장소에서 발생한 과거 사건들에 대한 기억으로, 고등학교 졸업식 때의 일이나 환갑 때의 일들에 대해 내가 기억하는 내용 등이 포함된다. 사실 자체보다 사건(에피소드)에 대한 기억이다. 삽화 기억은 늦게 발달하고 일찍 퇴화하는 뇌·정신(신경인지) 기억 체계이다. 사건에 대한 회상이기에 과거를 향하고 있고 다른 기억 체계보다 뉴런의 역기능에 더 취약하다. 또 기억의 주인의 시선에 따른 주관적 시간을 중심으로 일어난 일과 일어날 일, 진행 중인 일들을 두루 옮겨 다니며 과거, 현재, 미래 어디든 정신적 시간 여행이 가능하다.

삽화 기억이 작동하려면 의미적 기억 체계가 필요하지만 그 능력은 사실만을 말하는 의미적 기억 체계를 넘어선다. 마치 정보

검색창에서 정보를 검색하기 위해서 검색 모드가 가동되어야 가능한 것처럼, 삽화 기억이 작동하려면 이 삽화적 '검색 모드'를 가동시키는 특별한 정신적 경향이 발달되고 유지되어야 한다. 개인의 기억을 소환하는 이 삽화 기억의 신경 구성 요소에는 대뇌 피질과 피질 하부의 뇌 영역을 아우르는 광범위한 네트워크가 포함되는데, 이는 다른 기억 체계를 지원하는 네트워크와 중첩되면서 단순 기억을 넘어선다. 개인이 여기에 의지와 감정을 담을 경우 가감되기도 하는 영역이다.

최근 발표된 중년 이후 기억 특성에 대한 연구 결과들은 기억 유형에 따라 연령 효과가 다르게 나타나며 노화에 따라 감퇴하는 것은 전반적인 처리 속도 및 작업 기억에서의 중앙 집행 기능에 제한적이라는 것을 보여 준다. 일반적으로 노화에 따라 감퇴된다고 알려진 삽화 기억에서도 기억 과제의 특성 및 종류에 따라 연령 효과의 크기가 다르게 나타났으며, 힌트를 주는 경우 혹은 의미가 풍부하고 정교화되어 있는 경우, 반복학습 후 수행하는 과제에서는 다른 연령 집단에 비해 수행이 크게 저하되지 않았다. 정보처리의 효율성을 높이는 구체적인 기억 전략을 사용함으로써 상당 부분 해결될 수 있었던 것이다. 또한 교육의 수준이 높을수록 연령 효과는 줄어들거나 사라지므로 노인들은 지속적인 자극을 통해 지적 능력을 유지시키고, 교육 수준이 낮은 노인들은 자신의 관심과 흥미 범위 내에서 지속적으로 뇌를 자극시킨다면 일반적으로 우려하는 노년기의 기억 저하는 심각한 수준으로 나타나지 않는다.[13]

또 다른 쪽에서는 '적응적 교환'이라는 개념으로 중년 이후 기억을 설명한다. 비효율적인 기억 과정처럼 보이는 노인의 기억 변화가 실제로는 적응적인 변화를 반영하는 것일 수 있다고도 본다. 이야기 회상 검사에서 노인들은 청년들보다 덜 분석적이었지만 이야기의 해석적인 의미에 대해서는 더 깊고 종합적인 의미 회상을 보였고, 다른 연구에서도 문장의 의미를 끌어내는 과제의 경우 연령차가 나타나지 않았다.[14]

또한 적응적 교환 개념에서 보자면, 중년 이후 기억과 학습은 의미와 해석의 중요성과 더불어 각 연령대의 동기와 목표 역시 중요하다. 성인 여성과 여성 노인들에게 이야기를 외워서 아이들과 성인 연구자에게 들려주는 조사를 실시한 결과, 성인 연구자에게 이야기를 들려줄 때에는 성인 여성이 더 많은 이야기를 기억해 냈지만, 어린아이에게 이야기를 들려주는 조건에서는 노인들의 수행 능력이 오히려 향상되었고 집단 간 연령차가 현저히 감소하였다. 아마도 노년기의 중요한 특징이 다음 세대로의 전승이라는 측면에서 볼 때 어린아이에게 이야기를 들려줘야 하는 상황은 노인의 목표를 조금 더 자극했을 가능성이 있다. 이처럼 노

중년 이후 능력은 팩트가 아니라 의미와 해석으로

화에 따라 각 시기의 적응적인 측면은 유지되고 향상되며 그렇지 않은 측면은 감퇴하거나 다른 기능으로 대치될 수 있다. 그러니 중년 이후 '능력'은 절댓값이 아니라 맥락과 해석의 값이라 할 만하다.

크로노스의 노화시계
vs. 카이로스의 정신 해석

"눈의 색깔은 바꿀 수 없지만, 눈빛은 바꿀 수 있다.
귀로 나쁜 소리를 듣지만 들은 것을 잊어버릴 수 있다.
입의 크기를 바꿀 수 없지만 입모양을 미소로 바꿀 수 있다.
빨리 뛸 수는 없지만 씩씩하게 걸을 수는 있다."
김현태, 《다짐하며 되새기며 상상하며》 중에서

"네 아버지가 떠난 게 벌써 5년이구나. 네 아버지랑 산 세월이 30년인데 어찌 시간이 지나간 지 모르겠어. 네 아버지 말기암으로 떠나기 1년 전에 생전 처음으로 둘이서만 여행을 갔지. 그때 처음으로 네 아버지가 딱 한 시간 내 손을 꼬옥 잡아 주었다. 처음이었어. 아직도 그 기억이 생생하고 손에 네 아빠 온도가 남아 있는 것 같아. 그 한 시간이 지금을 버티게 하는구나."

의미의 시간, 카이로스의 1시간이 물리적 시간, 크로노스의 5년을 이겼다.

인간은 시간 속의 존재로 살아가면서, 시계를 보며 성장하고 역사를 보며 성숙한다. 나이를 먹어 간다는 것은 시계와 시간의 의미를 구별해 가고 분석하는 능력을 갖게 된다는 말이다. 나이와 세월 앞에 시간은 어떤 의미일까? 의미와 해석을 창출하는 시간은 어떤 것일까?

고대 그리스어에는 시간, 때를 이르는 2가지 단어가 있다. 바로 '크로노스'(χρόνος)와 '카이로스'(καιρός)다. 크로노스는 째깍째깍 소리가 들리듯 시계 속에서 과거와 현재 그리고 미래로 이어 흘러가는 객관적이고 정량적인 시간이며, 연대기를 뜻하는 영어 '크로니클'(chronicle)의 어원이기도 하다. 우리는 크로노스 속에서 늙어 간다. 반면, 카이로스는 인간의 목적의식과 해석이 개입된 주관적이고 정성적 시간으로 대개 적절한 때, 결정적 순간, 기회를 뜻하며 의미와 해석의 시간이다.

먼저, 크로노스는 그리스 신화 태초 신들 중 하나인 시간의 신이며, 소크라테스 이전의 그리스 철학에서 시간을 의미하는 단어로 그 이름 자체가 '시간'이란 뜻이다. 많은 이들이 아버지 우라누스의 성기를 잘랐던 농경의 신 크로노스와 헷갈려 하는데, 지금 우리가 이야기하는 신은 시간의 신 크로노스로 농경의 신의 할아버지쯤 된다. 이렇게 헷갈리는 이유는 워낙 스토리가 적은 데다가 우리에게 잘 알려진 그리스−로마 전승인 헤시오도스 전승

《신들의 계보》에는 등장하지 않고 오르페우스교 창조신화에만 등장하기 때문이다.

알려지기로 크로노스는 물의 신 히드로스와 땅의 신 가이아 사이에서 필연의 여신인 아난케와 함께 태어났고, 시간의 신 크로노스와 필연의 신 아난케 사이에서 혼돈의 신 카오스, 대기의 신 아이테르(에테르), 암흑의 신 에레보스, 빛의 신 파네스를 낳았다. 그리스 신화 족보가 다소 복잡하고 그 전승도 호메로스, 음유시인 등 다양한 점을 감안하고, 아무튼 크로노스는 시간을 주관하는 동시에 그 자체로 시간이다. 크로노스는 시간 자체로 존재하기도 하지만, 자체가 '힘'이라 할 수 있다. 만물의 아버지로 간주되고, 세상의 진실을 꿰뚫어 보는 눈을 가지고 있으며 만물의 변화를 지속시켜 주는 역할을 하기에 그 자체로서 중요한 위치에 있고, 무엇보다 오르페우스 신앙에서 매우 중요한 신으로 경배의 대상이 되었다.

반면 카이로스는 올림포스의 주신(主神)인 제우스의 재간둥이 막내아들이며 '기회와 행운의 남신'이다. 로마 신화에선 오카시오(Occasio)나 템푸스(Tempus)라고도 부르는데, 이는 영어 단어 '어케이전'(occasion, 기회)과 '템퍼럴'(temporal, 시간의, 속세의)의 어원이다.[15] 재미있게도 제우스의 막내둥이 카이로스는 이름에 딱 걸맞은 외모를 지녔다.

카이로스가 주는 기회

이탈리아 토리노 박물관에 가면 고대 그리스 조각가 리시포스의 작품인 카이로스의 조각상이 남아 있다. 가만히 들여다보면 그 모습이 인상적이다. 옷은 입지 않은 채 앞머리는 풍성하고 무성하고 뒷머리는 대머리이며, 등과 발에는 날개가 달렸고 오른손에는 칼을 왼손엔 저울을 들고 있다. 이 독특한 외모를 가진 카이로스 조각상 아래에는 이런 말이 적혀 있다.

앞머리가 무성한 이유는 사람들이 내가 누구인지 금방 알아차리지 못하게 하고 나를 발견했을 때에는 쉽게 붙잡을 수 있도록 하기 위함이요,
뒷머리가 대머리인 이유는 내가 지나가고 나면 다시는 나를 붙잡지 못하도록 하기 위함이요,
발에 날개가 달린 이유는 최대한 빨리 사라지기 위해서이다.
저울을 들고 있는 이유는 기회가 앞에 있을 때는 저울을 꺼내 정확히 판단하라는 의미이고 날카로운 칼을 들고 있는 이유는 칼같이 결단하라는 뜻이다.
나의 이름은 기회(Kairos, Opportunity)이다.
나는 눈에 보이지 않아 누구에게나 다가가며 양손에는 칼과 저울이 들려 있어
기회라고 생각될 때 그 옳고 그름을 판단하고 냉철한 결단을 내리도록 한다.

토리노 박물관에 남아 있는 리시포스의 조각상 '카이로스' 아래 적힌 말은 삶과 시간과 기회 사이에 서 있는 사람을 생각나게 한다. 물리적 시간인 크로노스를, 기억과 해석으로 의미를 부여하는 카이로스의 시간으로 잡아가는 과정은 우리가 가진 물리적 사실에 입각한 기억의 차원을 넘어선다.

로마 철학자 세네카는 "기회는 준비가 행운을 만날 때 생기는

것이니 항상 준비하고 있다가 카이로스가 지나가면 머리채를 움켜잡으라"고 말하였다. 이는 물리적으로 흘러가는 크로노스를 의미의 순간으로 만들어 잡아채, 찰나의 시간을 영원의 시간으로 이어 가라는 말일 것이다.

문화적 노동:

문화적 진공을 깨는 액티브 시니어의 학습

"이성으로 비관하되, 의지로 낙관하라."

안토니오 그람시

"이 강의가 이해가 되나요?" 유튜브로 양자역학 강의를 듣고 있는 70대 남편과 50대 아내에게 물었다. "모르겠어요." 부부는 동시에 대답을 했다. 내가 다시 물었다. "그런데 왜 보세요?" 다시 동시에 대답했다. "보면 뭔가 알까 싶어서요." 학습 동기다. 알아서 보는 게 아니라 알까 싶어 보는 그 마음의 방향이다. 새로운 학습을 통해 이 부부는 전혀 몰랐던 부분을 '도전'해 보고자 하고, 그 일을 끝까지 마치는 것을 목표로 두었다.

액티브 시니어는 의미를 발견하고 해석을 통해 삶의 의미를 부여하고 재구성한다. 합리화 과정이라고 불러도 좋다. 그 과정을 재구성이라고 하든 해석이라고 하든 합리화라 하든 간에, 초년에 세상에 나가 취직하고 월급 받아 가며 살 동안, 우리는 한 번도 자본사회에서 '도구적 인간'으로 살아감에 대해 시장체제에 딱히 저항해 본 적도 없고, 나를 사물처럼 대하는 사회에 대해서도 나름 '상호호혜'(相互互惠)했다.

그리고 이제 시니어 세계에 발을 들인 이후 우리가 이 사회 경제의 일부인지를 고민해 보게 된다. 이 책을 읽고 있다면 그 내용이 '살림살이' 해결을 위한 것이 아님을 알 것이다. 고리타분한 지식 알고리즘을 돌려 우리의 의미를 찾고 생산적 의미체계를 구축하자는 이야기가 우리 생계를 해결해 주지는 않는다. 그러나 살림살이 문제가 아니고 시장경제에 완전히 예속된 상황도 아니지만, 에너지는 왕성하고 넘치는 경험 콘텐츠 그리고 창조적 속성을 감출 수 없는 인간적 본능이 남아 있는 액티브 시니어들에게 '기본적 사회 가치'는 여전히 유효하다. 사회학자 마크 그라노베터(Mark Granovatter)의 말처럼 우리는 '전(前) 시장사회'에서 경제적 행위가 사회관계의 연결망에 깊게 배태(胚胎)되어 있었으나 현대사회로 진입하면서 경제적 거래가 더 이상 친족에 대한 의무나 사회적 의무가 아닌, 개인의 사적 이득을 위한 고도의 계산에 의해 이루어지는 것으로 간주되게 되었다.

칼 폴라니(Karl Polanyi, 1886-1964):
경제노동 이후 자유와 연대를 통한 가치노동!

아담 스미스의 《국부론》이나 카를 마르크스의 《자본론》을 들어 보았을 것이다. 그렇다면 칼 폴라니의 《거대한 전환》을 권해 본다.

헝가리 태생으로 1, 2차 세계대전을 모두 겪으며 사회주의자도, 공산주의자도, 사회민주주의자도 아니었던 칼 폴라니는 전통적인 경제 사조에 반기를 들고 경제학을 문화적으로 접근하는 실질주의의 주창자로 알려져 있다. 사실상 주류경제학에서는 인기가 없었던 칼 폴라니의 이름은 주로 인류학과 정치학, 역사사회학에서 들을 기회가 많았으나, 2008년 세계경제위기 중 대안경제이론으로서 폴라니의 이론이 각광을 받기 시작했다. 《거대한 전환》이나 《사람의 살림살이》 등이 우리나라에서는 잘 알려져 있고 최근 칼 폴라니사회경제연구소라는 칼 폴라니의 이론과 사회경제적 대안을 연구하는 연구소도 생겨났다. 궁극적으로 우리가 나아갈 길은 인간을 시장인간으로 전락시키는 것이 아니라, 사회 내 존재로서 상호 교류하고 협력하며 인간 삶의 안정성과 사회 구성원의 연대성, 사회적 자유와 민주주의를 구축할 거대한 전환이 필요하다고 주장한다. [16]

이런 시장과 노동에 대한 다른 주장들이 살을 찢듯 기존의 노동학문세계에 쏟아져 나오는 시점에 칼 폴라니의 이야기는 그야말로 히트를 친다. 폴라니는 19세기를 정점으로 사회에서 경제활동이 따로 떨어져 나와 다른 사회적 동기와 구별되는 독특한 경제적 동기의 작동에 따라 움직였다고 보았다. 그는 이를 '19세기 사회의 일탈'이라고 표현했다. 21세기에 무슨 19세기 옛이야기를 하느냐고 묻겠지만, 폴라니 이론 발표 이후 150년이 다 되어 가는 이 시점에 경제사회가 그를 주목하는 이유는 어쩌면 액티브 시니어를 위한 오랜 역사적 예정(豫定)처럼 보인다.

간단히 소개하자면, 칼 폴라니는 사람, 토지, 화폐는 거래의 대상이 될 수 없으며 최종적으로 이 거래의 끝은 파멸일 것이라고 주장한다. 뭔가 어려운 이야기처럼 들리는 폴라니 이론에 대해 폴라니는 《거대한 전환》에서 이렇게 정리한다.

> 이처럼 노동시장, 토지시장, 화폐시장이 시장경제에 필수적이라는 점은 의심의 여지가 없지만 인간과 자연으로 구성된 실체로서의 사회와 그 안에서 이루어지는 경제조직이 보호받지 못하고 시장경제라는 '사탄의 맷돌'에 노출된다면, 그렇게 무지막지한 상품 허구의 경제 체제가 몰고 올 결과를 어떤 사회도 단 한순간을 견뎌내지 못할 것이다.[17]

즉 사회의 공동자산인 사람(노동), 토지, 화폐금융 등을 허구적 상품으로 남용하게 되면 결국 대중은 굶주림과 탐욕에 허덕이며 불안에 내몰리고 시장인간으로 추락할 것이고 결국 허약한 자본주의는 무너지게 될 것이라는 말이다. 지금껏 유지해 온 자본주의 시장이 버티고 있는 것을 보면 이론의 허점이 있거나, 아직 그 시점이 도래하지 않았을 것이다.

그러나 현대 시니어들의 상황은 자본시장의 남용 이후의 시대를 살아가야 하고, 그 가운데 새로운 여정을 아직 선택하지 않은 바, 인류학적 표현에 의하자면 '문화적 진공상태'에 있다. 본래 문화적 진공상태란 아프리카 흑인 부족들 중 용사들이 백인 문명과 접촉을 통해 어떤 문화적 폐해를 겪게 되는가를 설명하는 단어이다. 이 전제가 가능하기 위해서는 적어도 두 개의 완전히 다른 문화가 있어야 하고 힘의 균형이 맞지 않는 상태, 그리고 문화적 삼투압에 따른 이동과 변화가 있어야 할 것이다. 매우 복잡하게 고려해야 할 사항들이 많고, 폴라니가 이 부분만을 말한 것은 아니지만, 그의 짐작대로라면 경제세계의 방문을 닫고 다른 영역으로 들어선 시니어들은 '문화적 진공상태'를 통해 피폐해져야 할 것이다.

그러나 인류는 늘 다른 방식의 변주로 혁명을 만들어 간다. 대안적 삶이나 선택이 불가능했던 사회문화적 환경 속에서는 적응하지 못한 이들의 '진공'은 파괴적인 원심분리기로서만 역할을 했을 것이다. 게다가 자유와 민주주의를 자본주의 발달과 함께 맛본 21세기 늙은 인류는 자기 행복을 인식하며 자신만의 목적을 가질 수 있는 실체일 뿐만 아니라 스스로 가치와 목표를 평가할 수 있으며 그러한 가치와 목표에 비추어 스스로 선택하는 실체이다.

폴라니가 18세기 말 산업혁명의 그림자로 벌어진 이 시장을 정치영역과 경제영역으로 분리하는 사회구조로 변화시킨 이 '찢어지는 혁명'은 그야말로 '거대한 전환'이라고 볼 만하다. 더불어 그렇다면 개인과 시장의 화폐적 이익 가치를 넘어 '시장경제를 사회에 되묻는 새로운 통합가치'는 무엇이 되어야 할까? 칼 폴라니의 평생 주제는 '자유'라고 할 정도로 그는 인간의 개성과 창조적 역량을 풍부하게 실현할 수 있는 진정한 자유를 끊임없이 탐색하고, 죽음에 대해 창조적 해석의 빗장을 열어 주며, 사회적 참여로 이를 환원시킨다. 폴라니는 죽음의 의미에 대해서도 인간을 육체적 소멸의 절망감에서 벗어나 일, 예술, 학문, 도덕성, 창조적 활동, 잠재 역량의 개발, 개인의 헌신, 인류에 대한 봉사를 통해 자신을 구현해야 하는 이유로 설명한다. 나아가 종전의 자유가 종말을 고하고 태어나는 새로운 자유는 무한히 쪼개어진 초개인주의의 자유가 아니라 사회 구성원이라는 집합적 존재의 상호 의존, 즉 동료와 함께 풍족한 자유를 누릴 수 있는 상호 의존 또는 상호 연결이 기초이다.

생존과 양육을 위한 경제적 존재로 살아왔던 사회적 책무와 책임이 끝나고 난 이후 시니어들에게 남겨진 자유와 죽음, 그리고 사회적 역할에 대한 해석은 폴라니의 1세기 이전《거대한 전환》을 기반한 '액티브 시니어의 거대한 전환'의 이론적 토대가 될 수 있을 것이다.

액티브 시니어들은 물리적 경제 활동의 책무와 책임의 정서적

단어였던 연민과 공감이라는 사회적 원리를 넘어 자기계발과 성장을 위한 가장 창조적이고 자발적인 가치 생산에 돌입하면서, 경제 생산을 위한 망을 넘어 새로운 가치와 자기계발을 위한 학습네트워크를 구축하기 시작했다. 이익사회에서 가치 공동체 네트워크를 구축하며 액티브 시니어들은 생명을 초월하고, 유한에서 무한으로 상승하려는 고차원적 자기의식으로 나아가고 있는데, 이는 폴라니가 말했던 경제적 자유와 대비되는 사회적 자유 개념과 연결된다. 상호 협력하고 교류하며 존재론적인 안정성을 구축하고 사회 구성원으로서 유지해야 할 자존감과 연대감은 경제사회에 대한 대안이자 동시에 퇴직이나 은퇴 이후의 삶을 만들어 가는 액티브 시니어들의 대안적 밑그림이기도 할 것이다.

학습 효율과 기억의 비율:
'함께' 공부해야 하는 이유

"혼자서 우리는 거의 아무것도 못한다.
함께하면 우리는 그렇게 많은 것을 할 수 있다"
헬렌 켈러

"혼자라면 어려웠을 거예요. 교수님이 힘을 주시고, 동기들이 같이 공부하면서 저도 힘을 낼 수 있었어요." 내가 있는 사이버대학 졸업식에서 제자가 한 말이다. 59세에 공부를 시작하여 63세 생일에 졸업을 했다. 남편이 나이 들어 무슨 공부냐며 한참 강의를 듣는 와중에 컴퓨터 전원을 수도 없이 뺐음에도 불구하고 전교생이 보는 앞에서 우수 졸업생으로 표창을 받으며 학사학위를 받았다. 그녀는 어떻게 '그 와중에' 공부를 하고 우수한 성적으로 졸업할 수 있었을까?

심리학자 윌리엄 글래서(William Glasser)에 의하면 그녀에게는 욕구가 있었다. 무슨 말인가? 현실치료의 아버지인 윌리엄 글래서는 인간의 5가지 기본 욕구를 제시하였는데, 즉 생존, 사랑, 성취, 자유, 재미의 욕구이다. 이를 충족시키기 위해서 우리는 내면적인 가상세계인 '좋은 세계'(Quality World)를 발달시킨다. '좋은 세계', 그 품과 격이 있는 세계에 대한 열망이 생겨난다는 말이다. 그러면서 동시에 그 욕망들을 어떻게 구체화하는가를 설명하며 WDEP(Wanting, Doing, Evaluating, Planning) 모델을 제안한다. 즉 당신이 원하고 있는 소망(Wanting)을 분명하게 하고, 이 소망을 실현하기 위해 어떤 행동을 하고 있는지(Doing) 자각하며, 그 행동이 소망을 잘 충족시키고 있는지 평가하고(Evaluating), 만일 그렇지 못하다면 효과적인 행동을 선택하고 실천할 계획을 세우도록(Planning) 하라는 것이다. 과거가 아니라 현재에 초점을 맞추어 생각과 행동을 변화시킴으로 더 나은 삶, '좋은 세계'를 살 수 있도록 '선택'하라는 말이다. 그렇게 김○○ 학생은 상담 공부로 대학 졸업장을 꼭 받고 싶었고, 이를 위해 사이버대학에 입학하였다. 남편의 방해를 극복하기 위해, 또 혼자 하기 어려운 공부를 위해 입학 동기들과 함께 스터디를 해가며 매 학기마다 자신을 업그레이드 시켰다. 그리고 이제 졸업을 맞아 최고의 영예로 졸업하게 되었다. 윌리엄 글래서에 의하면, 그녀의 모든 선택은 '선택'이었다.

사실 그간 우리는 새로운 일을 선택하기도 했고, 새로운 학습을 시작하기도 했다. 그러면서 늘 '새로운 선택'을 했고 그 '새로움'과 '배움' 앞에 고개를 숙이곤 했는데, 그것은 배움의 어려움과 혼자 배움의 고독 그리고 기억의 문턱이었다.

　우리의 소망(Wanting)은 삶의 만족을 높이고 새로운 도전을 통해 의미를 창출하는 것, 보다 괜찮은 사람 혹은 어른으로 살아가고 자기만족과 효능감을 높이고자 하는 것이었다. 그래서 기꺼이 새로운 배움과 학습 영역으로 들어갔고(Doing), 이는 때로는 만족스럽지만 대부분은 끝을 내지 못하거나 만족스러운 결과를 얻지 못하고 중도 포기하는 경우가 많았다(Evaluating). 그렇다면 좀 더 만족스러운 결과를 얻거나 중도 포기하지 않는 방법이 있다면 우리는 소망(Wanting)을 실현하고 보다 과감하고 구체적인 행동(Doing)과 긍정적인 평가(Evaluating)를 통해 한 단계 더 나아간 계획을 수립(Planning)할 수 있을 것이다.

　먼저 우리 학습의 영역에서 앞의 내용에서도 줄기차게 말해왔던 머리가 좋은지, 충분히 학습이 되고 있는가에 대한 결과를 보자면, 사실 그렇게 신통치가 않다. 그리고 결과는 다행히(?) 혼자만의 실패는 아닌 것 같다.

　앞서 만난 윌리엄 글래서는 학습과 그 내면화에 대한 흥미로운 실험 끝에 다음의 결과를 낸다. 학습과 내면화, 즉 배워서 얼

　　　　　　　　　　　　학습 효율과 기억의 비율: '함께' 공부해야 하는 이유

마나 기억하는가에 대한 연구 결과이다.

　　— 읽은 것의 10퍼센트를 기억한다.
　　— 들은 것의 20퍼센트를 기억한다.
　　— 본 것의 30퍼센트를 기억한다.
　　— 보고 들은 것의 50퍼센트를 기억한다.
　　— 토론하는 것의 70퍼센트를 기억한다.
　　— 경험하는 것의 80퍼센트를 기억한다.
　　— 가르치는 것의 95퍼센트를 기억한다.

　　윌리엄 글래서는 체험을 통한 학습 효과를 80퍼센트라고 한다면, 다른 사람을 가르칠 때 성취되는 학습의 내면화 정도는 95퍼센트, 토론 효과는 70퍼센트, 보고 들은 것의 효과는 50퍼센트, 본 것은 30퍼센트, 들은 것은 20퍼센트, 읽은 것은 고작 10퍼센트만을 기억한다고 보았다. 무엇을 배우든 이렇다면, 우리에게 필요한 것은 '무엇'이 아니라 '어떻게'라는 것, 즉 학습에서의 능동적 참여의 중요성을 잘 보여 주는 연구 결과이다. 한편 이 연구는 우리가 '무엇'을 배우는가보다는 '어떻게' 혹은 '어떤 환경'을 '선택'하여 배우는가, 즉 협업의 중요성을 잘 보여 준다.

윌리엄 글래서(William Glasser, 1925-2013)의 '긍정적 중독'

프로이트와 융을 아는 이들이라면 자연스레 '불행마저도 자신의 선택'이라고 말했던 윌리엄 글래서를 알 수 있을 것이다. 1925년 폭력을 휘둘렀던 아버지와 매우 통제적이었던 어머니 사이에서 태어나 성장했지만, 부모의 불화를 알아차리고 자신은 그들처럼 살지 않겠노라 마음먹은 후 자신의 평생의 기념비적인 '현실주의 치료'에서도 끊임없이 개인의 책임과 타인에게 피해를 끼치지 않는 것, 부부관계를 원만하게 갖는 것을 강조하였다. 윌리엄 글래서는 자신의 이론처럼 자신의 삶을 '선택'했다. 그래서인지 윌리엄 글래서의 책을 읽으면 바로 옆에서 이렇게 말하는 것 같다. "생각은 이제 그만하고, 자, 밖에 나와서 사람들과 어울려 보라고! 뭐라도 시작해, 그게 가만히 앉아서 생각만 하는 것보다 백번 낫다!"

특히 그의 '긍정적 중독'은 흥미롭다. 다음의 6가지 기준에 충족하는 행위를 한다면 여러분도 긍정적 중독에 빠져 있다. 선택하여 도전을 수행하는 학습은 가장 대표적인 긍정적 중독이라 할 것이다.

① 자신이 자발적으로 선택하는 행위로서 하루에 한 시간은 전념할 수 있으면서 경쟁적이지 않은 행위

② 쉽게 할 수 있으며 잘하기 위해서 너무 많은 정신적 노력을 기울이지 않아도 되는 것

③ 혼자 할 수 있으며 다른 사람과 함께하더라도 다른 사람에게 의존하지 않는 것

④ 자신에게 신체적, 정신적 또는 영적인 가치가 있다고 믿는 것

⑤ 지속적으로 하면 자신을 향상시킬 것이라고 믿는 것

⑥ 스스로를 비판하지 않고 할 수 있는 활동

이렇듯 듣거나, 읽거나, 시청각 활용, 시연과 같은 전통적인 학습 방법은 대부분 정보를 수용하는 수동적 방식이다. 그러나 학습자의 선택은 '열정'이며 기억의 방법도 'PQ4R'과 같은 방식을 적용한다면 매우 의미 있는 결과를 보게 될 것이다(앞서 기

억 전략 부분을 다시 읽어 보라). 그러나 이 방법은 평균 기억률에 있어 5-30퍼센트만을 기억할 뿐이었다. 반면 집단 토의 방식이나 실행/연습, 대상을 두고 가르치기는 각각 50퍼센트, 75퍼센트, 95퍼센트에 달하는 놀라운 평균 기억률을 보였다. 이는 학습의 내용(What)이 아니라 학습의 방법과 환경(How, Where)의 중요성을 보여준다.

학습 방법과 환경의 중요성과 더불어 참여적이고 집단적 학습은 학습자 모두의 기억력을 높이고 학습의 효율을 강화한다. 시니어 학습자들은 스스로 학습 목표를 세우고 효과적인 방법으로 학습받기를 원하며 경험을 넘어서는 새로운 탐구를 통해 자신을 확대하고 자신의 정체를 새롭게 하고자 한다. 경험에 대한 강조가 아니라 동료 학습자의 다른 경험을 통해 자신을 확장하는 경험을 선호한다. 실제 노인 학습자들이 학습에 참여하게 된 동기는 자신이 직면한 문제의 해결점을 찾는 것과 동시에 이론적인 것보다는 실질적인 내용으로 현실에 적용하길 원하며, 학습보다 사람을 만나는 것에 더 의미를 두는 경우도 있다. 학습 공간에 더 오래 머무르고 더 많은 것을 공유하고 얻을 수 있는 환경이 액티브 시니어를 위한 학습 환경인 것이다.

물론 학습 참여를 위한 결정은 개인의 기대와 가치의 상호작용이다. 기대에는 교육에 참여해서 얼마나 성공적으로 학습 활동

학습 방법에 따른 평균 기억율(윌리엄 글래서)

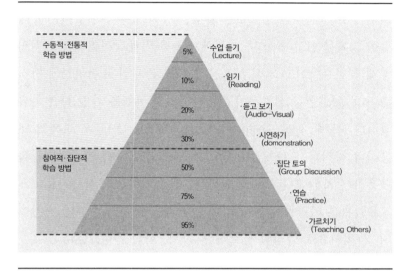

을 수행해 낼 수 있는가 하는 자신의 능력에 대한 내적 기대와 교육에 참여함으로써 얻게 되는 모든 성과에 대한 외적 기대의 2가지 유형이 있다. 두 유형의 기대가 동시에 강하게 작용할 때 강한 참여 동기가 형성된다. 그러나 개인 내적 요인들 이외에 사회적 환경과 참여 집단의 특성이 학습 중도 탈락을 최소화하고 지속적 학습에 지대한 영향을 미친다.

시니어의 교육 요구가 이러한 학습 환경의 의미를 잘 보여 준다. 홀(Houle)은 노인의 교육 요구를 3가지로 말한다. 첫째, 목표

지향(goal-oriented)형, 즉 노년기에도 분명한 목표 의식이 있으며 변화된 목표를 혼자의 힘으로는 달성할 능력이 부족하기 때문에 적절한 교육을 받고자 한다. 이들에게 교육은 즉각적이고 실제적인 문제 해결수단이고 지식 사용은 자신의 존재의 표현이기에 자격증이나 졸업장 등 실용적이고 기능주의적 목표를 가진 학습자 유형이다. 둘째, 활동 지향(activity-oriented)형이다. 이들은 교육의 내용이나 목적과는 관계없이 참여 자체를 선호하며 인간관계망을 구축하는 차원에서 교육을 원한다. 활동 지향형의 학습자들에게 교육기관은 사람들을 만나고 대인 관계를 구성하는 개방 공간이며, 사회적으로 인정된 장소이다. 셋째, 학습 지향(learning-oriented)형이다. 이들은 자신을 위한 지적인 욕구와 호기심 충족이라는 교육 본연의 욕구에 근거하여 적절한 교육을 받기를 원한다. 그들에게 있어 교육은 특별한 활동이 아니라 매우 일상적인 일로, 교양이나 지식 등을 새로이 습득하는 일 자체에 의미 부여를 하고 학습 현장에 주체적이고 능동적으로 참여한다. 시니어들의 이 3가지 교육 욕구는 상호 연결되어 있는데, 이 3가지 욕구를 모두 충족시키는 장이 바로 학습 네트워크이다.

이들은 상호 협력하며 참여적이고 능동적인 학습으로 기억의 효율을 높이고, 학습 동료이자 지지자들과의 교류를 통해 학습 동기를 높이며 동시에 대인 관계망을 형성하고, 학습망 구조를

갖춘 학습 시스템에 참여하면서 목표에 도달하고자 하는 욕구를
충족시킬 수 있다.

학습 네트워크:
가치 공동체가 창출하는 학습 카이로스의 광장으로

"나는 당신이 할 수 없는 일들을 할 수 있고,
당신은 내가 할 수 없는 일들을 할 수 있다.
하지만 함께라면 우리는 멋진 일들을 할 수 있다."
마더 테레사

이미 동기는 충만하다. 그리고 의미를 창출하기 위한 준비도 끝이 났다. 다음 단계로 '무엇'을 배울 것인가를 결정한다. 정보의 홍수 시대이자 전공의 홍수 시대가 도래하면서, 배울 것은 많고 선택은 더욱 어려워졌다. 이전 경력을 강화할 것인가, 새로운 것을 도전할 것인가, 도전한다면 어떤 것에 도전할 것인가 고민은 늙기 이전보다 더 커졌다.

그러나 '무엇'을 결정하기보다 '어디'를 결정하기를 권한다. 중년 이후 학습의 공간은 넘치도록 많아졌고, 오프라인 공간을 넘

틴토(Tinto)의 장기적 참여 지속 및 탈락이론 모형

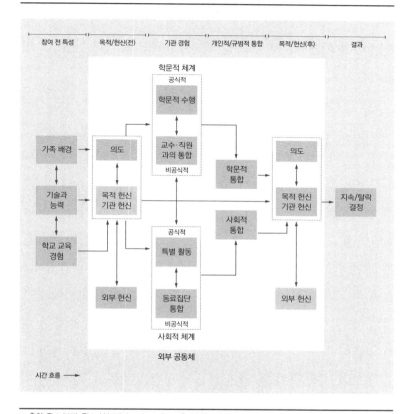

※ 출처: Tinto(1993). Tinto,V.(1993). Leaving college: Rethinking the causes and cures of student attrition. 2nd ed. Chicago: The University of Chicago Press. 한우식(2011). 20쪽에서 재인용.

어 온라인 공간으로, 유형의 학교조직을 넘어 무형의 교육조직으로, 유료 공간을 넘어 무료 현장 등 남녀노소 빈부귀천을 따지지 않고 경력과 환경을 굳이 고려하지 않아도 되는 세상이 도래했다. 그야말로 중년 이후 교육 천국이 도래했다. 중년 이후의 학습 '내용'이 아니라 학습을 유지하고 새로운 가능성을 주는 '공간'이 중년 이후 학습자들의 중도 탈락을 예방하고 또 다른 학습으로의 동기를 부여하는 역할을 한다.

틴토의 장기적 참여 지속 및 탈락이론 모형을 보면 어떤 것이 성인 학습자의 장기 학습을 돕는지 그 상호작용을 잘 설명하고 있다. 첫 번째 단계에서의 지속 요인은 새로운 학습을 시작하기 이전에 학습자가 지니고 있는 개인적 속성이다. 여기에는 가족과 지역사회 배경, 개인의 특성, 동기와 성향, 학습 기술과 능력, 이전의 학교 교육 경험과 성취도 등이 포함된다. 이러한 특성들은 개인의 교육 의도와 헌신 정도에 영향을 미침으로써 간접적으로 참여 지속 결정에 작용하게 된다. 두 번째는 참여 초기에 학습자가 보이는 교육 의도 그리고 교육 목적과 교육기관에 대한 헌신 수준이다. 이는 학습자의 교육기관 경험과 참여 후반기의 교육 의도와 교육 목적 및 기관 헌신에 영향을 미친다. 세 번째 지속 요인은 교육기관에 대한 경험이다. 교육기관은 크게 학문적 체제와 사회적 체제로 구성되는데 이 안에서 학습자들은 공식적으로 정규 교육활동에 참여하면서 학문적 수행 경험을 하는 한편, 정규과정 이외의 특별활동에도 참여하면서 사회적 경험을 하게 된다. 이러한 교육기관의 경험은 네 번째 요소인 학습자가 교육기관에 학문적 또는 사회적으로 통합하는 정도에 영향을 미치게 된다. 학습자가 교육기관의 학문적, 사회적 체제에 충분히 통합하게 되면, 이는 참여 초기의 의도와 헌신 수준을 변화시키게 된다. 따라서 다섯 번째 단계에 이르면, 학습자들은 이전 단계에서의 학문적, 사회적 통합 경험의 영향을 받아 교육 의도와 교육 목적 및 교육기관 헌신 수준의 변화를 보인다. 학습자가 현재 추구하는 교육의 목적과 참여하는 교육기관을 중요하게 간주하고 이에 관여하거나 전념하는 헌신 정도는 참여 지속 또는 중도 탈락 여부 결정에 직접적으로 영향을 미치게 된다는 것이다.[18]

이미 자기 주도성은 차고 넘치는 액티브 시니어들에게 활동을 지속하고 욕구를 충족시킬 수 있는 학습 환경은 더 없이 중요하다. 특히 소속을 통한 협력학습은 소속감을 주고, 구성원 간 상호 신뢰와 친밀감을 토대로 공통의 과제를 나누고 책임을 공유하면서 구성원들에게 주어진 학습 과제나 학습 목표를 지속해 나가도록 한다. 여기에는 긍정적 상호의존성, 개별의 책무, 대면적 상호작용, 협력기술, 규칙 구성, 동등한 참여, 새로운 정보와 관심 확대, 의사결정능력 향상, 협업을 통한 개인과 집단의 성장, 집단에 대한 자부심과 소속 지속 욕구 등 학습의 주체이자 소속의 주체로서 존재하게 돕는다.

학교 공동체와 학습 공동체는 다르다. 학교라고 하는 정해진

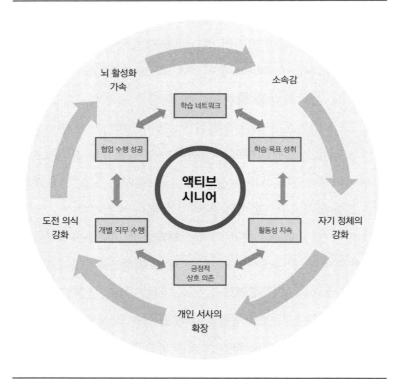

공간에서 형성되는 학교 공동체와는 달리, 학습 공동체는 자신의
전문성을 높이고 삶의 질을 향상하여 가치를 창출하고자 하는 배
움의 연쇄 공동체를 말한다. 그러니 가능하면 전문 공동체 속으
로 들어가자. 온라인 배움터이건 오프라인 배움터이건 상관없다.

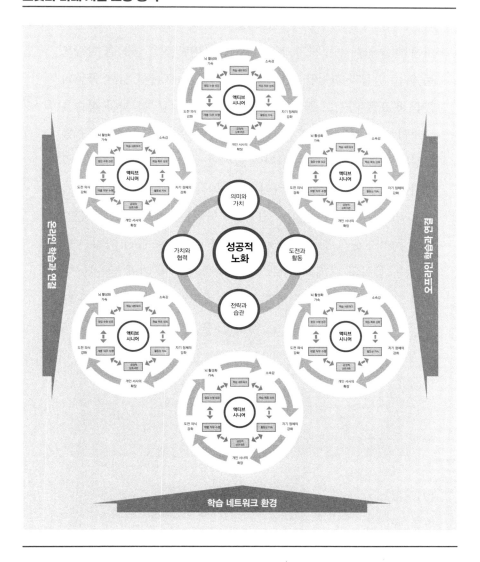

유료 배움터이건 무료이건 상관하지 말자. 무엇을 배울지가 아니라 어디든 다양한 배움의 콘텐츠들이 있으니 검증된 곳이라면 어디든 발을 들여놓아 보자. 배움의 전문가이자 상호 돌봄을 바탕으로 하는 경험과 판단을 서로 중시하는 곳. 동료들과 함께 공동의 학습 목표를 가지고 창조적이고 새로운 아이디어를 찾아 학습을 도모하는 곳. 개선과 발전 그리고 성취를 위하여 공동의 목표를 설정하고 동료 간 팀을 구성하여 함께 논구하며 문제 파악과 해결 방안을 모색하는 온·오프라인 학습 목적 공동체 속으로 들어가자. 그곳에 들어가는 순간, 액티브 시니어는 학습 네트워크 환경 속에 들어가 공동 학습망에서는 의미와 해석으로 유사 가치 창출을 하는 동료와 함께 카이로스의 역사를 만들어 가게 될 것이다. 또한 그릿을 높이고 미래 시간 조망 능력을 확장하면서 거대한 학습·가치 수레바퀴(Learning–Value Wheel)를 형성하게 될 것이다.

4부

1 뇌 활성화와 관련한 기존의 이론을 자세히 보고자 한다면, 다음의 논문을 보라. Grady, C. L. (2008). *Cognitive neuroscience of aging*. Annals of the New York Academy of Sciences, 1124, 127-144.

2 뇌의 네트워크에 대한 다양한 실험 결과들은 다음 논문에 잘 정리되어 있다. Grady, C. L., Grigg, O. & Ng, C. (2012). *Age differences in default and reward networks during processing of personally relevant information.* Neuropsychologia, 50(7), 1682-1697.

3 건설적 실패이론과 실패 내성에 대하여는 다음의 논문을 보라. Kim, A., & Clifford, M. M.(1988). *Goal source, goal difficulty, and individual difference variables as predictors of response to failure.* British Journal of Educational Psychology, 58, 28-43.

4 김아영의 실패 내성 검사지는 공간 지각 능력 검사 과정에서 느낀 실패감에 대한 검사를 바탕으로 한다. 그러나 일부를 수정하여 일상적인 경험에서 느꼈던 실패감을 떠올리도록 하였다. 김아영(2002). 학업동기 척도 표준화 연구. 교육평가연구, 15(1), 157-184.

5 박윤진(2015). 신체 활동이 뇌의 구조적 특성에 미치는 효과. 〈한국웰니스학회지〉 vol 10, no. 3, 231-242, 234.

6 운동학습과 뇌 신경구조의 변화에 대한 흥미로운 연구는 김덕용·주소영·유수진(2010). 운동학습과 관련된 뇌 신경구조. Brain & Rehabilitation vol. 3, no.2, 64-69를 보라.

7 인지 능력의 향상에 활동이 얼마나 중요한 영향을 미치는지, 심지어는 치매 발병률을 어느 정도 낮추는지에 대하여는 다음의 논문을 참고하라. Christensen, K, Multhaup, K. S., Nordstrom, S., & Voss, K.(1991). *A cognitive battery for Dementia: Development and measurement characteristics.* Journal of Consulting and Clinical Psychology, 2, 168-174.

8 Colcombe, S., & Kramer, A. F. (2003). Fitness effects on the cognitive function of olderadults: a meta-analytic study. Psychological science 14(2): 125-130.

9 운동과 뇌 활성화에 대한 연구 결과들은 넘칠 정도로 많다. Schlaffke, L., Lissek, S., Lenz, M., Brüne, M., Juckel, G., Hinrichs, T., Platen, P., Tegenthoff, M., & Schmidt-Wilcke, T.(2014). Sports and brain morphology— a voxel-based morphometry study with endurance athletes and martial artists. Neuroscience, 259, 35-42.

10 베르그송의 기억 담론에 대해서는 다음의 책을 참고하라. 황수영(2006). 《물질과 기억, 시간의 지층을 탐험하는 이미지와 기억의 미학》. 그린비.

11 전통적 기억 향상 프로그램에 대한 다양한 연구를 잘 정리해 놓은 논문으로는 고선규(2006). "지역사회 노인을 위한 다요인 기억 향상 프로그램의 효과". 고려대학교 대학원 박사학위논문을 보라.

12 MMQ-S는 일상생활에서 기억 책략을 얼마나 자주 사용하는지를 평가하기 위한 설문지로서 진주희 등(2012)이 번역한 것을 사용하였다. 진주희·오경자·서상원·신희영·나덕렬(2012). "노인의 주관적 기억 장애의 특징 및 하위유형". 〈대한치매학회지〉, vol. 9. no. 4. 115-121.

13 노년기에 기억 능력과 학습 결과에 대한 흥미로운 자료에 대하여는 이현수(2005). 노인의 기억은 정말로 떨어지는가? 〈한국심리학회〉 vol. 24. no. 3. 581-598을 보라.

14 노년기 기억의 적극적 교환이론에 대하여는 Labouvie-Vief, G. (2015). *INTEGRATING EMOTIONS AND COGNITION THROUGHOUT THE LIFESPAN*. Springer International Publishing.을 보라.

15 카이로스가 '적절한 기회 혹은 때'라는 의미를 가짐에도 불구하고 크로노스와 이름마저 비슷하고 늘 낫을 들고 다니는 농경의 신 크로노스의 능력이 '기회를 자르는 힘'이라는 점은 매우 아이러니하다.

16 경제학자인 그라노베터가 사회학 관점에서 시장경제를 바라보며 경제계에 새로운 시선을 제공했고, 시장사회학이 주름을 잡던 시대에 시장 안에서 좀 더 안정적인 가격을 받기 위해 사회적 관계를 어떻게 보아야 하는가에 대하여는 필자와 같은 경제학자가 아닌 이들도 한눈에 알아보기 좋게 정리를 해놓은 논문을 권한다. Granovetter, M. 1985. *Economic Action and Social Structure: The Problem of Embeddedness*. American Journal of Sociology. vol. 91. no. 3. 481-510.

17 '사탄의 맷돌'(satanic mill)은 영국 윌리엄 블레이크(William Blake: 1757-1827)의 시집 《밀턴: 하나의 시》(Milton: a Poem)에 나오는 구절로서 산업혁명과 자본주의의 욕심이 개인의 자유와 자율성을 파괴한다는 것에 대한 은유적 표현이다. 투기적 자본이 어떻게 시장경제 파괴로 이어지는지에 대한 폴라니의 이론은 다음의 책을 보라. 폴라니(2009). 《거대한 전환》. 도서출판 길. 인용은 244쪽.

18 틴토(Tinto)의 이론을 포함하여 성인학습을 선택한 노인들의 학습 참여와 탈락 혹은 지속에 대하여는 한우식(2011). "학습동아리 참여 노인의 학습경험 과정과 지속요인에 관한 연구". 숭실대학교 박사학위논문을 참고하라. 틴토의 도표는 한우식(2011) 논문 20쪽 인용.

나이 들수록 머리가 좋아지는 법
How to Improve your brain power as you get older

지은이 이호선
펴낸곳 주식회사 홍성사
펴낸이 정애주
국효숙 김의연 김준표 박혜란 송민규
오민택 임영주 주예경 차길환 허은

2020. 9. 4. 초판 발행   2022. 4. 4. 3쇄 발행

등록번호 제1-499호 1977. 8. 1.
주소 (04084) 서울시 마포구 양화진4길 3   전화 02) 333-5161   팩스 02) 333-5165
홈페이지 hongsungsa.com   이메일 hsbooks@hongsungsa.com
페이스북 facebook.com/hongsungsa
양화진책방 02) 333-5161

• 잘못된 책은 바꿔 드립니다.   • 책값은 뒤표지에 있습니다.

ISBN 978-89-365-1453-2 (03190)